Baby Beat Generation
&
The 2nd San Francisco Renaissance

Collection *La main courante*, 2005
59, rue Auguste Coulon,
23300 La Souterraine (France)

Le traducteur de ce livre a reçu le soutien
de la résidence d'écrivains Au Diable Vauvert
du Collège International des Traducteurs Littéraires
et du Centre Régional des Lettres du Languedoc Roussillon

The translator received funding from two writers' residences
Au Diable Vauvert and International College of Literary Translators

Ouvrage publié avec l'aide -
du Centre Régional du Livre du Limousin
et le soutien de la Région Limousin

Book published with the assistance
of the Regional Book Center of Limousin
and the support of the Region Limousin (France)

ISBN 2-913919-24-3
ISSN 0757-7753
Dépôt légal : 4/2005

The Baby Beats
&
The 2nd San Francisco Renaissance

1970s / Les années 1970

Translation with an introduction
Traduction, sélection et introduction
Mathias de Breyne

LA MAIN COURANTE

France

Contents

Table

INTRODUCTION

Entre un et cinq ans, c'était l'âge que j'avais, lorsque les poèmes regroupés dans cette anthologie furent écrits par ces jeunes américains qui avaient à peu près l'âge que j'ai aujourd'hui, au moment où je les traduis. Ils sont nés alors qu'un certain mouvement Beat battait déjà de ses pieds les rues de San Francisco, ils étaient alors des bébés et à peine deux décennies plus tard, dans les années 1970, ils battraient à leur tour, sans relâche. Les rues avaient besoin de tous ces battements, comme toutes continuent d'en avoir besoin aujourd'hui, partout dans le monde, les événements de 2003 nous ont d'ailleurs prouvé que San Francisco est encore alerte quant aux événements géopolitiques du monde. Ces jeunes poètes se sont nourris d'histoire, de savoir et d'activisme social, éléments cruciaux, mais aussi de poésie, elle qui donne non seulement l'élément historique, sociologique d'une époque, mais aussi, et de la même importance, l'élément psychique, poétique, celui qui scelle les traces, qui permet de jauger et de ressentir – car comprendre ne suffit pas – l'aspect historique, sociologique. Grâce à leurs écrits je ressens comment se sentait et vivait cette génération – au niveau sociétal et intérieur – dans une société si sordide et corrompue, marchant main dans la main et parlant donc souvent d'une même voix, mais avec chacun sa propre voix, son propre mot à dire. Alors qu'influencées par une génération à la dérive, « battue », leurs voix ne se laissèrent pas bâillonner par le climat politique et social de l'époque où ils attinrent l'âge mûr, l'autonomie : les années 1960. Au contraire, elles se dégagèrent des cendres du capitalisme américain et purent ressentir profondément et écrire passionnément, avec un nouveau style nullement académique ou traditionnel.

Lorsque je lis deux troublantes et belles lignes comme :
Assise sur une chaise je deviens folle
Une mouche mesure le couloir
de Kaye McDonough, deux phrases suffisent pour me plonger dans le contexte, je me sens tout de suite proche d'une personne dont j'ai à peu près le même âge aujourd'hui que lorsqu'elle écrivit ce poème et qui me fait comprendre que ce que ma génération ressent aujourd'hui est à peu près semblable à la génération d'alors. Cela me touche. Il y a dans ces deux lignes l'intérieur de la personne, sa société intérieure, société intérieure par laquelle nous passerons tous, génération après génération, et il y a l'élément intérieur (et inamovible ?) de la société par laquelle nous passons tous, génération après génération.

Et puis Janice Blue :
les balances rompant l'équilibre pour se figurer
comment c'était-de SE perdre,-« rien qu'une fois, rien qu'une fois »
Et Luke Breit :
En Amérique, c'est dur
d'enfin laisser aller.
La rêche chaîne de fer
qui liait nos continents
se tend et se brise,
les kilomètres froids jaillissent
entre nous encore une fois,
et nous nous retrouvons seuls
avec nos machines froides.
Et Neeli Cherkovski :
dans le corps divin
je suis président
de ma propre amérique

Et Thomas Rain Crowe :
Si l'art se faisait pour l'argent
nous serions tous habillés en costumes d'affaires
et porterions une arme mortelle sur chaque hanche.
Et Philip Daughtry :
cherche-moi me cramponnant
au radeau égaré de la terre
Et Jerry Estrin :
Les feux de la rue me brûlent, ma chair fume d'illusion.
Et Roderick Iverson :
entre le feu
et la brume
une rafale qui fait écho
une ruée de mort
Et David Moe :
rêvant pêche oscillant rimbaud
sufi tufuant
brandissant aurarangzeb une cerise maintenant nommant mumbly peg james joyce
minervant nirvana cul-de-sac silvia plath petit mademoiselle muffin iahvé
remorquer la joie de melville graisse de baleine
ezra pound gertrude stein à l'envers éléphant
mangé par bonbon yeux bandés
decameron de promiscuité kodak mirageant scoops hiawatha une fois pour toute
Et Ken Wainio :
Il aime bien la souffrance et n'a jamais compris la sociologie.
Et Paul Wear :
Vaisseaux de mémoires dans une terre d'ombres.
Et Kristen Wetterhahn :
Tard
regards fixes et vides
s'atrophient à l'intérieur

La plupart des poèmes des douze Baby Beats réunis ici et pour la première fois proviennent de la revue *Beatitude* – qu'ils relancèrent en 1974 et qui fut originellement créée au début des années 50 par un des Beats, Bob Kaufman – et aussi de certains livres des auteurs publiés par *Beatitude Press*, la maison d'édition qu'ils créèrent. La reprise de la revue intensifia la relation entre les « pères » beatniks (entre autres Lawrence Ferlinghetti, David Meltzer, Jack Hirschman, Diane di Prima, Jack Micheline, Bob Kaufman, Michael McClure, Harold Norse, Gary Snyder, Philip Whalen et William Everson) et leur descendance générationnelle, et confirma une des revendications premières des Beats : Freedom of Speech (liberté d'expression), qui fut déclenchée suite au procès pour obscénité du livre *Howl* de Ginsberg, publié par City Lights dans les années 1950. D'autres poèmes proviennent des nombreuses autres revues qui existaient à San Francisco dans les années 70 et qui toutes furent déterminantes quant au foisonnement poétique de cette ville, de la région et du pays tout entier. L'Anthologie commence par les poèmes de dix Beats, la plupart encore en vie, qui furent eux aussi régulièrement publiés dans le *Beatitude* des Baby Beats. Concernant *Beatitude*, Bob Kaufman dira en 1976, dans le n°23 : *"La Revue Beatitude, Un Livre de Papier de Béatitudes Fraîches Chaudes Froides et Brûlantes De Poètes - Dont les Voix sont Accordées sur Chaque Inflexion de La Vie de l'Homme."* Cela confirmera le lien historique entre les deux générations, ainsi que le ton.

Les poèmes des Baby Beats et des Beats sont suivis par ceux de quatorze poètes proches des Baby

Beats, de la même génération ou de celle d'avant, pour la plupart publiés dans *Beatitude* et qui se trouvaient aussi à San Francisco et dont la participation fut essentielle à tout ce remue-ménage sain et crucial.

Les biographies succintes de tous ces poètes décrivent très bien le parcours différent, intéressant et unique de chacun de ces auteurs qui contribuèrent à la renaissance de San Francisco et qui, ensuite, poursuivirent leur propre chemin – séparément, bien que dans certains cas encore ensemble. Se joignent en fin d'ouvrage les noms et les biographies de treize autres poètes importants qu'il nous a semblés primordial de citer en tant que participants de la revue *Beatitude* et de la Seconde Renaissance Littéraire de San Francisco.

La préface de Thomas Rain Crowe – grâce à qui la totalité des poèmes et des documents de cette anthologie a pu être regroupée, ainsi que ceux de l'article sur les Baby Beats écrit pour la revue *Littérature en Marche* de l'éditeur Pierre Courtaud qui déclencha la belle initiative de cette anthologie – nous replonge précisément dans le contexte de cette période Baby Beat du San Francisco des années 1970 et nous indique les revendications propres aux Baby Beats, dont les actions et l'activisme furent prolifiques si ce n'est prophétiques d'événements à venir et que nous avons tous vus ces dernières décennies aux Etats Unis, si ce n'est ailleurs.

Le texte de Janice Blue, intitulé « North Beach » (quartier et siège mythique des Beats puis, plus tard, des Baby Beats), nous dit qui et comment étaient les Baby Beats, nous donne les clés, les images précises de l'archétype Baby Beat : « the conclave of a generation's strangers », tout comme les Beats, la Beat Generation donc, les Baby Beats se sentaient purement et simplement étrangers à ce système social et politique américain des années 1970 qu'ils rejetaient, auquel ils ne se joignaient pas, « non-joiners », mais qu'ils voulaient essayer de restaurer ne serait-ce qu'en un semblant de bon sens et d'égalité. Ils voulaient faire remonter à la surface, à leur surface et à celle de toute une nation, la culture de tout un peuple englouti, la culture indienne, mais aussi faire resurgir leurs propres racines européennes et autres et, par ce biais, fonder une véritable recherche, celle des droits sociaux, afin de les revendiquer, mieux, de les vivre, les intégrer, d'où de nombreux voyages et de multiples expériences, influences, engagements de toutes sortes (les biographies de chacun éclairant précisément tous ces points, chacune étant une mine d'or, un bout de l'histoire de cette période), comme en témoignent, naturellement, les citations et références dans leurs vies quotidiennes et dans leurs poèmes. Ils étaient très au fait de l'actualité politique, sociale et culturelle du monde et au lieu de lui tourner le dos, s'engagèrent très concrètement.

Il est évident de voir qu'ils étaient ouverts au monde, à l'extérieur, alertes, beaucoup de leurs poèmes ont lieu « dehors. » Les mots « rue », « avenue » et « trottoir », sont omniprésents chez eux, ainsi que les lieux de rencontres, d'échanges, de vies, d'où les mots « maison » et « café » où de nombreux poèmes furent écrits et racontent la vie, toute cette vie, mais aussi l'histoire intime, intérieure, de chacun et de toute une génération. Ce n'est donc pas étonnant que de nombreux Baby Beats, après ces années passées ensemble à San Francisco, furent par la suite directement impliqués – ou même employés – dans des organisations sociales, éducatives, politiques, environnementales et de relations internationales.

Et je voudrais particulièrement souligner ici la présence d'un nombre important de femmes dans les milieux artistiques à partir des années 70, et la force et la beauté de leurs poèmes.

Un gros cahier, un grand crayon à papier, et une grosse gomme, des dictionnaires, de l'acharnement, furent mes outils pour la traduction. Beaucoup de tension et de bonheur. À la première lecture je cherche à ressentir et, à partir de là, la compréhension s'installe, puis je me plonge dans le poème, lis lentement, cherche les mots, les sens, les expressions, le contexte, et enfin pose des questions, ne laisse rien au hasard. Ici, c'est Thomas Rain Crowe qui aura fait le lien, qui aura eu la patience de m'accompagner dans cette importante phase technique et finale, je n'imagine pas traduire un poème sans en toucher mot à l'auteur, ou à une personne de la langue d'origine et familière avec les poèmes et leur contexte. J'ai le sentiment que la première traduction se fait à la lecture du poème, le ressentir est déjà une traduction en soi, une première langue à traduire, du poème à l'être, puis vient la traduction dans la langue autre. Il n'y a, bien entendu, pas que la compréhension d'un mot ou d'une phrase mais celle de savoir ce que les mots sont venus faire là, ensemble, se dire qu'il y a une femme, un homme, une sensibilité, une histoire derrière tout cela, qui un jour, quelque part, ont été assemblés pour signifier, pour témoigner. Ce qu'il faut éviter de traduire, c'est ce que le lecteur – qui lui aussi a sa part d'effort à faire – doit ressentir, comprendre, élucider par lui-même, que ce soit dans la langue d'origine ou dans la langue traduite, et ce serait dénaturer le poème, ôter l'essence même de la poésie et donc tout le plaisir de la lecture, que d'expliquer, d'analyser en traduisant, et c'est bien pour cela que la traduction est d'autant plus complexe. J'essaie de ne pas traduire le poème, de lui donner de signification, littéralement, alors que je tente de rester littéral autant que possible face au verbe, au mot, au rythme, au phrasé, devant la force ou la délicatesse utilisée. Un équilibre à trouver. La traduction n'a pas de perfection ni d'ultime version, il y aurait, par exemple, de nombreuses manières de traduire cette phrase-ci, n'est-ce pas ? Il faut s'en approcher le plus possible. Laisser au poème ses reliefs, ses reflets, sa sagesse, sa folie. Savoir s'arrêter, quelque peu frustré parfois de ne pouvoir faire mieux ou au moins différent. J'ai profité de cette anthologie pour retravailler, améliorer, je l'espère, quelques poèmes faisant partie de l'article paru dans *Littérature en Marche 2002*, la revue de Pierre Courtaud. Il y a peu de rimes dans la poésie des Baby Beats, mais j'ai voulu, par contre, respecter – lorsque cela était possible et quitte à bousculer un peu la langue – les néologismes, les allitérations (le plus dur à respecter ou à éviter), les structures de phrases et de paragraphes, trouver un équivalent aux expressions, aux jeux de mots, et comme je le dis plus haut, le rythme, mais aussi le son, la couleur et la spontanéité, et éviter de faire rimer lorsque la version originale ne le fait pas, en somme, garder tous les éléments cruciaux d'une poésie que je ne veux pas rendre française mais traduire en français. Je conseille, quoiqu'il en soit, et peu importe les niveaux d'anglais ou de français, de lire les deux langues. Cette poésie est urbaine et rurale, cosmique et viscérale, et très « parlée », « orale » – vouée aux nombreuses lectures d'alors à San Francisco (et d'autres à venir ?...!) – ma voix est donc un outil en plus pour savoir si la traduction sonne aussi bien en français.

Pour la plupart des douze poètes de la Baby Beat, la poésie, la littérature et la culture françaises ont eu une influence majeure. Les Beats avaient, comme racines, la culture française et cette vie de bohème qu'était celle que l'on menait à Paris dans les années 1920 (et qui influença beaucoup leurs propres œuvres dans les années 50 et qui les poussèrent à se rendre sur les lieux-mêmes, dans les années 50 et au début des années 60, à Paris, dans des endroits tels que le Beat Hôtel, aujourd'hui célèbre, et toujours dans les pas de Rimbaud, Baudelaire, Lautréamont, Artaud, Sartre, Camus), et les Baby Beats furent, eux aussi, influencés par la France et les poètes français et les mouvements littéraires de la première moitié du vingtième siècle. Alors qu'une partie de cette influence fut léguée par leurs mentors Beats, ils l'acquirent aussi par leur propre biais. Le surréalisme français joua un rôle majeur, par exemple, dans le travail de poètes Ken Wainio, Thomas Rain Crowe, Jerry Estrin, Rod Iverson, David Moe et Kristen Wetterhahn. Bachelard, Reverdy, Cocteau, Char, Breton, Prévert, Artaud, Eluard, Tzara, Jacob, Jarry et Apollinaire, eurent tous une grande influence sur des poètes comme Wainio, Estrin, Iverson et Moe, alors que des peintres tels que Magritte, Tanguy, Chagall, Braque, Léger, Dali et Delveaux, marquèrent surtout Wetterhahn et Crowe.

Tout au long de la traduction, des images n'ont cessé d'accaparer mon regard, de jaillir dès les premières phrases lues. Prenant en compte toutes ces influences, particulièrement les influences visuel-les, les poèmes des Baby Beats – invoquant de nombreux thèmes tangibles et courants de l'époque où ils furent écrits – me font souvent penser à des compositions picturales, parfois des natures mortes, mais modernes, vivantes, en mouvement, des natures de sociétés et de for intérieur. L'ensemble me fait penser au fourmillement et à l'acharnement humain du tableau de Breuguel, *La Tour de Babel*, mais il y aurait tant d'autres tableaux à citer. Et puis, de manière plus générale à Edward Burne-Jones, Le Douanier Rousseau, Otto Dix, Gustave Klimt et Egon Schiele... puis, le plus souvent, à des peintures de la fin 19ème siècle et de l'ensemble du 20ème, plus proche de la période des Baby Beats, Edward Hopper, Joseph Cornell, Edvard Munch, Jasper Johns, Vincent Van Gogh, Max Beckmann, Max Ernst, Hans Bellmer, Jackson Pollock et Francis Bacon... bref, des poèmes qu'il serait possible de peindre, d'installer, de performer. Leur poésie me fait aussi penser à de petites pièces de théâtre aux décors et au nombre de personnages épurés, tel que « En attendant Godot » de Beckett. Dans leurs poèmes, l'on passe du figuratif à l'abstrait, de l'abstrait au figuratif... du surréel le plus abstrait, mais aussi figuratif, au réalisme le plus figuratif, terre à terre, mais aussi abstrait. Une phrase nous emporte au loin, nous détache de tout, plus de repère, puis celle d'après nous ramène au plus près, les pieds fixés au sol, les yeux rivés au monde, repères très forts à en donner des frissons. Danse continuelle et universelle passant de la douceur à l'ardeur, de la tendresse à la tension, à la crispation, avec une grande justesse, un toucher singulier, vif, tranchant, ils vont droit au but, tout en gardant le détour poétique. J'espère que vous trouverez autant de plaisir à lire et regarder ces poèmes que j'ai eu à les découvrir et à les traduire, et que ma génération, et que toutes générations pourront se retrouver dans cette poésie ancrée dans le psychique, dans le quotidien aussi et le réel évidemment absurde mais si beau, si souvent représentatif d'une certaine époque de l'histoire américaine récente qui nous ramène constamment et pertinnement à notre époque, poésie inoubliable écrite dans les années 1970 et que nous lèguent les Baby Beats, témoins inestimables d'une Histoire et d'une Génération à ne pas perdre de vue.

Alors que l'œuvre des Baby Beats et de la plupart de leurs compatriotes de la génération des années 60 a été laissée pour compte par la domination de l'élite littéraire académique aux Etats Unis durant les années 1980 et 90, ce n'est qu'aujourd'hui, avec la publication de ce livre, que l'œuvre de ces artistes inventifs a été rassemblée et montrée, collectivement, en une voix unique et unie, décrivant ainsi leur génération. Et je suis heureux d'avoir participé à cette résurrection et à ce bout de béatitude.

L'anthologie est accompagnée d'un CD de lectures inédites de plusieurs Beats et Baby Beats enregistrées en 1976 lors d'une soirée de soutien aux prisonniers irlandais incarcérés dans les prisons britanniques.

Mathias de Breyne
Introduction écrite au fur et à mesure du travail sur l'anthologie, commencée le 3 février 2003 à la rési-
dence d'écrivains Au Diable Vauvert, *continuée au* CITL, *à Arles, et terminée en mars 2004 à Buenos*
Aires.

INTRODUCTION

I was between one and five years old when the poems in this collection were written by a group of young Americans who were, then, more or less the same age I am today as I translate their poems into French. They were still babies when the Beat movement was just getting started in the streets of San Francisco. Two decades later, in the 1970s, it would be their turn to make a beatific noise in those same streets. During that decade, these young poets fed themselves with history, social activism and poetry, imbibing and reflecting not only the historical and sociological elements of the time, but more importantly : the psychic and poetic elements of the time.

As a translator, I can feel in their work how they felt and lived as a generation in a society so seamy and corrupt – as they walked and worked together as a unified voice, yet at the same time maintaining unique and often momentous voices of their own. Voices that while having been influenced by a "Beat" generation, were not beat down by either the times or the social and political climate they came to age in – the 1960s. Instead, even in their ranting, they have risen out of the capitalistic American ashes and have been able to feel deeply and to write passionately and with a new, non-traditional, non-academic style.

When I read the beautiful lines of Kaye McDonough :
I sit going mad on a chair
A fly measures the hallway
these two lines, alone, were enough for me to dive right into this project – feeling close to a person who was about the same age, then, as I am today when she wrote this poem. Kay McDonough's words spoke to me, making me understand that what my generation feels today is about the same as her generation was to her, then. This touched me. Made me realize something about the universality of all peoples. How, as a society, we all go through similar things, generation after generation.
Then I find myself reading Janice Blue, who says :
libras blowing balance to find out
what it was like – to GET lost, – "just once, just once"
And Luke Breit :
In America, it's hard to finally let go.
The harsh, iron chain
that linked our continents
stretches and snaps,
the cold miles spring up
between us once more,
and we are left lonely
with our cold machines.
And Neeli Cherkovski :
in the body divine
i am president
of my own america
And Thomas Rain Crowe :
If art were for hire
we'd all be dressed in business suits
and carry a deadly weapon on each hip.
And Philip Daughtry :
look for me clinging
to earth's lost raft
And Jerry Estrin :

Fires of the street burn me, my flesh smokes with illusion.
And Roderick Iverson :
between the fire
and the haze
a flurry that echoes
a rush of death.
And David Moe :
dreaming peach oscillating rimbaud
sufi tufuing
waving aurarangzeb a cherry now naming mumbly peg james joyce
minerving nirvana cul de sac sylvia plath little miss muffin yahweh
towing melville's joy blubber
ezra pound gertude stein upside down elephant
eaten by candy blindfolds
decameron of promiscuous kodak miraging scoops hiawatha once forever
And Ken Wainio :
He is quite fond of suffering and has never understood sociology.
And Kristen Wetterhahn :
Late
empty stares
wither inside

Most of the poems of the twelve Baby Beats gathered here in a single bilingual volume for the first time, come from *Beatitude* magazine – which they resurrected in 1974 and which was first created in the early 1950s by one of the Beats, Bob Kaufman – but also from books published by *Beatitude Press*, the literary press they also created at the time. The reactivation of the magazine intensified and solidified the relationship between the beatnik "fathers" (some of whom include Lawrence Ferlinghetti, David Meltzer, Jack Hirschman, Diane di Prima, Jack Micheline, Bob Kaufman, Michael McClure, Harold Norse, Gary Snyder, Philip Whalen and William Everson) and their generational offspring, also consolidating one of the major issues of the Beats : freedom of speech – which was evidenced in the trial of Allen Ginsberg's book *Howl* which was published by City Lights in the 1950s. Along with the poems from *Beatitude* magazine, come poems from several other magazines which existed in San Francisco during the decade of the 70s and which represent an unusual and unique poetic renaissance that existed in this city – that as a whole, spoke loudly for the whole country.

The poems of the Baby Beats follow the poems of ten Beats, most of whom are still alive. These members of the Beat generation were regularly published in the Baby Beats version of *Beatitude*. In 1976, in issue #23 of *Beatitude*, Bob Kaufman writes: *"The Magazine Beatitude, A Paper Book Of Cool Warm Cold And Hot Beatitudes From Poets – Whose Voices Are Tuned To Every Inflection Of The Life Of Man."* These scant lines, alone, confirm the historical link and the spirit between the two generations.

The poems featured by the Baby Beats and the Beats are followed by fourteen poets most of whom were published in *Beatitude* and were close to the Baby Beats and of the same generation or possibly the one before, who also lived in San Francisco or in and around the S.F. Bay Area and whose participation was crucial and/or essential to the whole of the 2nd Renaissance that took place during those years.

The poets' biographies speak for each poet and about the different, interesting and unique ways each contributed to the renaissance in San Francisco during those years and then went on to do their own thing – separately, yet in some cases, still together. In addition, at the end of the book are names and biographies of thirteen additional significant poets whom we thought it was important to name as contributors to both *Beatitude* magazine and the 2nd San Francisco Literary Renaissance.

In his preface, Thomas Rain Crowe takes us back to precisely those years of the 1970s in San Francisco and shows us specifically what was going on with the Baby Beats, whose actions and activism was prolific if not prophetic of things to come and which we have all seen in subsequent years in the U.S., if not elsewhere. Thanks to him, much of the material in this book has been gathered, including the first publication of Baby Beat poems by the innovative French editor Pierre Courtaud in his publication *Littérature en Marche*.

Janice Blue's narrative piece entitled "North Beach" (the mythic neighborhood and head-quarters of the Beats, then, later, of the Baby Beats), tells us who the Baby Beats were and gives us the keys and the precise pictures of the Baby Beat archetype: "the conclave of a generation's strangers." Like the Beats and the Beat Generation before them, the Baby Beats considered themselves *étrangers* to their American social and political system of the 1970s that they consequently rejected as "non-joiners," but which they wanted to try and restore to some semblance of sanity and equality. For them, the culture of a whole nation had vanished with the Indians, but so had their European and world-wide roots. They set out in search of their ethnic roots as well as their social rights, claiming them, and living them by integrating them into their daily lives and in their poetry. Knowing full-well the political, social and cultural realities of the world, and rather than turning their backs on that world in disengagement, opted for a conscious social activism and an ethics of engagement.

It's easy to see, from the poems, that they were open to the world and were both awake and aware, as many of their poems take place "outside." The words "street," "avenue" and "sidewalk" are omnipresent, as are the words "house", and "cafe" – where many of the poems were written. These poems tell about the intimate histories of each one of these "Babies" and, subsequently, of a whole generation. It is no wonder that some of the Baby Beats, after their years together in San Francisco, became employed by social, educational, political, environmental and internationally-related organiza-tions. And I should underline, here, the presence of a great many women in the artistic fields starting in the 70s, and the force and the beauty of their poems.

A big, blank notebook, a big pencil, a large eraser, dictionaries and an obstinate stubborn determination have been my tools in regard to the translation of this book. The result of this work has been a lot of tension and a great deal of happiness. At first reading, I looked only to try and feel the poems. From there, I began to try and comprehend them. Then I really got into the work, reading slowly, looking for the words, the senses, the expressions, the context – and lastly, asking questions, not letting anything slip past or by, or be left to chance. Here, in this final process, Thomas Rain Crowe has been my connection and my alter-ego. His patience and his suggestions concerning my questions has been crucial, as I can't imagine having attempted to translate these poems without working with a person who was fluent in the original language, as well as being familiar, first hand, with the poems and the context from whence they came. Regarding the actual translation process, I have tried not to trans-late the poems literally, although I have tried to be accurate, as much as possible, regarding the verbs, specific words, the rhythm and the structure of the phrases. A delicate balance, to be sure !

With this larger work, I have had the opportunity to work again with and refine some of the poems that were previously published in Pierre Courtaud's *Litterature en Marche 2002*. While there are few rhymes in the Baby Beats poetry, I took the risk of pushing the language a bit – the neologisms, the alliterations, the phrases and paragraphs structures, to find proper equivalents to expressions, the play of words, the sounds, the color and the spontaneity. This said, and done, I advise the reader to read the poems in both languages. The poetry in this anthology is urban and rural, cosmic and visceral, and very oral ; and my voice as translator, has been added to this mix.

In almost all of the twelve poets that are the "Baby Beats," French poetry, literature and culture have been a major influence. While the Beats had their roots in the bohemian French culture that was Paris in the 1920s (taking much from that era into their own work in the 50s and then doing ex-patriot stints during the 50s or early 60s and living in Paris in places such as the now-famous Beat Hotel and following in the ghostly footsteps of Rimbaud and Baudelaire, Lautreamont, Artaud, Sartre and Camus), the Baby Beats, too, were influenced by France and the French poets and the scene there during the first half of the 20th century. While some of this French influence was handed down from their Beat mentors, they also got much of it on their own. French surrealism played a major influential role, for instance, especially in the work of poets such as Ken Wainio, Thomas Rain Crowe, Jerry Estrin, Rod Iverson, David Moe and Kristen Wetterhahn. Bachelard, Reverdy, Cocteau, Rene Char, Breton, Prevert, Artaud, Eluard, Tzara, Max Jacob, Jarry and Apollinaire were all heavy influences on poets Wainio, Estrin, Iverson and Moe, whereas such painters as Magritte, Tanguy, Chagall, Braque, Leger, Dali and Delveaux were primary influences on both Wetterhahn and Crowe.

Considering these influences, and especially the visual influences – the poems of the Baby Beats, invoking many themes that are tangible and current to the time when they were written – make me think of pictorial compositions (paintings). The group, together, makes me think of the ant (*fourmillement* in French) and its social structure – of hard work and determination. They also remind me of the painting by Breuguel, *La Tour de Babel*, and in more general ways of the paintings of Edward Burne-Jones, Le Douanier Rousseau, Otto Dix, Gustave Klimt and Egon Schiele....then other painters come to mind who are more current to the 20th century, such as Edward Hopper, Joseph Cornell, Edvard Munch, Jasper Johns, Vincent Van Gogh, Max Beckmann, Max Ernst, Hans Bellmer, Jackson Pollock and Francis Bacon.

Some of the poetry of the "Babies" also makes me think of minimalist theater – with spare set design and few actors, such as Beckett's "Waiting for Godot." In these poems, the reader is taken from the figurative to the abstract, from the abstract to the figurative... from the surreal (the most abstract) to realism (the most figurative), or *terre a terre*, as we say in French, meaning: very concrete, from the earth. One stanza may take us far away, unchain us, take us totally out of reality and normal experience, and then the next stanza might bring us back to the real world with feet nailed to the ground, eyes focused, and with worldly images so profound and so strong that they give us shivers. In a kind of universal dance, from sweet to sour, from tenderness to tension, like an arrow, they go straight to the target. This being the case, I hope that readers of this collection will have as much pleasure reading the poems as I did in translating them. I hope, too, that my generation (in fact, all generations) will find something of themselves and of their lives in these poems. Poems – often absurd but so beautiful – as a record of a time in recent American history that they will hopefully remind us where we are in our own place and period. In some of the most remarkable poetry written during the 1970s and afterwards, the Baby Beats have bequeathed to us a metaphorical record of a generation that should be recognized and not forgotten.

While the work of the Baby Beats and many of their compatriots from the 60s generation have been forced underground by the dominance of an academic literary establishment in the U.S. during the 1980s and 90s, not until now, with the publication of this book, has the work of these inventive artists been assembled and shown, collectively, as a unique and unified voice exemplifying their generation. And I am happy that I have had a hand in that resurrection and that bit of beatitude.

Added to the anthology is a CD taken from the original tapes of a benefit reading in 1976 for "Irish Prisoners in British jails" that included several Beats and Baby Beats.

Mathias de Breyne
Vauvert and Arles, France & Buenos Aires, Argentina, February 2003-March 2004
   (Introduction's translation by Thomas Rain Crowe and MdB.)

The Coffee Gallery
presents
Featured Poets for March
5: Jack Hirshman
12: George Mattingly
19: Karen Brodine
26: Luke Breit
9 pm
Free of Charge
The Coffee Gallery
1353 Grant Ave.

From the early 1970s through the early 1980s, for about a decade, San Francisco was often compared to Paris at the turn of the century. "A renaissance" some of us say, now, looking back. And even then, that word used to slip from our lips in moments of projected epiphany or outlandish optimism. Centered around City Lights Bookstore in North Beach, a fleur-de-lis had sprouted and bloomed, whose petals would eventually spread into the ethnic neighborhoods in San Francisco and out over the whole Bay Area, with leafy creative vines reaching other literary and artistic circles, further afield, in Berkeley, Bolinas, the Russian River and up along the coast and north – all the way to Mendocino and the North San Juan Ridge community in the Sierra foothills and as far south as Santa Cruz. Young poets, artists and musicians coming from all over the country, and in fact the world, were arriving almost daily to add their voices to the chorus of a growing community of bohemian brethren.

The Hippie/Flower Children explosion of the 60s and early 70s was over—and the Beats were taking a back-seat to the rock bands, pop singers, cult films and new age spirituality that was getting all the attention here in America. I had returned to the U.S., from France, where I had spent an unexpectedly short stint as an ex-patriot, and the timing was perfect for a handful of us in our twenties, who had migrated to San Francisco/North Beach to be near our forty and fifty-something Beat literary heroes from the 50s, who greeted us with open arms. Within a few years the San Francisco literary scene would be back in the full swing of a 2nd Renaissance – becoming much like fin-de-siècle Paris and St. Petersburg from an earlier legendary era.

It was, quite honestly, the resurrection of *Beatitude* magazine (started by Bob Kaufman one of the original beatnik publications that was part of the « mimeograph revolution[1] » of the 1950s) that was the spark for the renaissance that was going on as the 70s approached the half-decade mark. Also, and not to be overlooked or marginalized, there were the Friday night 'classes' at Harold Norse's small apartment over in the South-of-Market district – which preceded the resurrection of *Beatitude* – where many of us younger turks first met, creating an unlikely, but fertile, spawning ground for the literary «run» that would follow. *Beatitude* magazine and its new, 60s-generation of editors were the organizers for «the event» that, truly, launched what would become the 2nd Renaissance in San Francisco: a poetry reading staged at the Savoy Tivoli on Grant Avenue, celebrating the denouncement and *denouement* of Bob Kaufman's thirteen-year vow of silence (an event in itself that had occurred only a couple weeks previous, upstairs in Malvina's Coffeehouse with an improvised oration, by Kaufman, of an inspired combination of Keats, Elliot's « Wasteland », sections from the work of Charles Olson, Ginsberg's "Howl", Rimbaud's Illuminations, and his own poems. How do I know this ? I was there). The Savoy Tivoli was packed and there were people crowding the door to get in. In the end, a speaker was rigged up and put out into the street, so that everyone could be witness to this historic moment and « the black Rimbaud's » phoenix-like ascension from the ashes of over a decade of silence.

My sidekick in those days was a young Zionist Jew who was much compared with the young Allen Ginsberg, named Neeli Cherry (soon to become Cherkovski). A dynamic and very entertainingly vocal personality having come up north from the Los Angeles area where he was a compatriot of Charles Bukowski, he drew a lot of attention to himself and to *Beatitude* and all the *Beatitude*-sponsored events. Others in the core *Beatitude* group who had met through the gatherings at Harold Norse's apartment or other North Beach connections, included Ken Wainio from up north in Redwood Valley in the vicinity of Ukiah (who, in the early years, was studying at San Francisco State University under the Greek surrealist poet-in-residence Nanos Valaoritis), David Moe (an extremely experimental poet who was publishing a literary tabloid disguised as a porno paper to eke out a living, and who was one of the few true natives of San Francisco), Luke Breit (the son of Harvey Breit of *New Yorker* fame, who, from New York by way of Central America had made his way to the Bay Area), Philip Daughtry (who was going by the name Suntree at the time and who had gotten to the Bay area by the circuitous route that took him to Canada, New York and Colorado, after migrating from Newcastle-upon-Tyne in northern England at the age of thirteen), Jerry Estrin (who arrived in San Francisco to become a taxi-cab driver after earlier sojourns in Los Angeles, Mexico and upstate New York), Rod Iverson (coming from Europe by way of Reed College before making his way to San Francisco), Paul Wear (who came from the Midwest of the U.S. to become a monk at the San Francisco Zen Center), Kaye McDonough (originally from Pittsburgh, but coming to San Francsico after living in Paris and studying at the Sorbonne), Janice Blue (from the mountains of Kentucky), Kristen Wetterhahn (artist, dancer, yoga instructor and placeless presence and calming influence – a "Wendy" to our "Peter Pans"), Eugene Ruggles (whose book The Lifeguard in the Snow, would, in 1977, be nominated, and almost win, the Pulitzer Prize) and Cole Swensen (a Nordic blonde with the voice of a siren, who was the center-post for a small literary scene on the other end of the Golden Gate Bridge from San Francisco, in Marin County at the foot of Mt. Tamalpias).

Adding to the international implications of *Beatitude* and the Baby Beats, was the presence and hands-on participation of such « aliens » in the group as Sami Farhat (Ankido) from Palestine, Alexandr Kohav from Moscow and Pancho Aguila (although participating while being incarcerated in Folsom Prison) from Nicaragua.

There are also others, who, while they weren't involved, directly, in the editorial machinations and production of *Beatitude* magazine, were published in its pages and were a native presence to the 70s decade and all that went on in and around San Francisco : Stephen Schwartz (a native of San Francisco, union organizer, general political rabble-rouser, and a one-time member of the American Surrealist Group based in Chicago that was loosely descended from Breton's Paris cadre), Jim Dalessandro (a prose-poet from Santa Cruz and the mover-and-shaker of the Santa Cruz Poetry Festival), Jerry Kamstra (a North Beach bohemian who had authored, in 1974, an autobiographical novel titled The Frisco Kid), A.D. Winans (long-time San Francisco resident and publisher of Second Coming Press), Max Schwartz (community radio activist and voice for poetry in the schools and prisons of northern California), Roberto Vargas (community and cultural-political activist and Hispanic-American voice for the FSLN in Nicaragua living in the Mission District), Andy Clausen (best/loudest voice from the Berkeley street-poet scene), Andre Codrescu (the then-recent young Romanian emigre) and Sharon Doubiago (living at the time in Mendocino, up the California coast, after moving north from L.A.). While this is not a complete list of *Beatitude* cohorts, it is exemplary in its incompleteness.

The published editorial statement by Luke Breit in *Beatitude 24* in the fall of 1976 documents those early beginnings of the magazine and « the renaissance » scene it was catalyst for :

"When I finally got the idea to revive Beatitude magazine in the spring of 1975, it was after a year of working with many local poets in North Beach. Larry Sparks had begun the readings at Malvina's, an important series in which many of us became involved. Jack Hirschman arrived on the scene, and with his incredible energies devoted to poetics, began healing rifts between poets long at odds with each other. Thomas Crowe came from North Carolina with a great love for the Russians and the Beats. Neeli Cherkovski arrived from Bukowski and political organizing with a remarkable burst of energy that, even as it angered some, revitalized many others. Behind these forefronts of action, the old sages, Lawrence Ferlinghetti and Harold Norse offered advise, poems and much other less tangible help. So much was happening, I had a sudden flash that the old Beatitude was needed once again to display the wide range of writing that was going on. Jack and Kristen Wetterhahn, Neeli and Thomas and Louis Collins immediately became part of the original revived Beatitude family. We decided to have a revolving editorship and keep the door wide open. Our idea seems thus far to have worked. Beatitude has stirred much attention, its readings are enormously successful, and the magazine, as mentioned in a recent issue of Poetry Flash, 'is known for its scruffy production and quality poetry'. "

While Discovery Bookstore – a used bookstore, two doors down from City Lights – was the "office" for *Beatitude*, and the place of employment for Luke Breit and Louis Collins, the cafes by day and the bars by night were the artistic nexus and playground for young artists and bohemian bodhisattvas, often living together, most of whom had little or no income except for some sort of SSI welfare, a dishwashing job, or a patron/lover generously enamored of the banter and the revelry of the scene. It was an exciting time, and the whole village of North Beach, bordered to the north by the Italian community and to the south by Chinatown, seemed more global than local in its proportions and its consciousness, with the intersection of Columbus, Grant and Broadway being the epicenter of an earthquake of approaching *fin de siecle lift*. In that environment and in those days, we were literally living, eating, and sleeping poetry and the arts. Not to compete with Harold Norse's Friday-night classes, Michael McClure's Haight-Ashbury living-room became a venue for Wednesday night soirees for a few of us, as did Philip Lamantia's place up on Kearny St. on rare occasions – a softer, welcome reprise from the nightly vigils at the Broadway bars.

In the midst of this vital west-coast quake, I was one of the "Beatitude boys", the "Baby Beats". (The literal epithet having come out of the mouth of an inebriated Richard Brautigan late one night in Spec's Bar during a verbal fist-fight with Ken Wainio who had dared to criticize the elder bohemian writer's work). But the *Beatitude* magazine of the mid to late 70s was not the neighborhood rag it had been a generation before, publishing Brautigan, Kerouac, Kaufman, Lenore Kandell, Ruth Weiss, Ginsberg, etc... Its scope under the influence and tutelage of the lyri-political poet/translator Jack Hirschman had become international, and up-front activist—as evidenced in the pages of the magazine (with regular editorial statements taking stands against everything from NEA grants to apartheid in South Africa) and in events organized and staged by its editorial staff that included public rallies and readings in support of Greenpeace, the Irish Republican Army, Amnesty International, California's « Proposition 15 on Nuclear Safeguards », and the civil rights of Korean activist poet Kim Chi Ha, to name but a few. We « Baby Beats » were a very visible and very vocal « wild bunch » and it was this visibility and the unrelenting lyri-political aggressiveness of this group that was attracting attention.

At night, we were hanging out in the bars down on Columbus and Broadway (Vesuvio's, Spec's, Enrico's). During the days you could find us in the cafes up on Grant Avenue (Malvina's, the Trieste, the Savoy Tivoli, the Cigar Store). Espresso during the day, the hard stuff at night. With Jack Hirschman holding court at a back table in Vesuvio's or up near the bar at Spec's, we gathered to keep the *Beatitude* fire ablaze... What had begun as a great « bachelor party » in Harold Norse's tiny apartment, by the mid to late 70s had become a truly mixed bag, with women coming on board as creative equals. Poets and artists including Kristen Wetterhahn, Kaye McDonough, Janice Blue, Cole Swensen and Jackie Bacs giving credence to the rising feminist voice of the times.

By 1976, following the first *Beatitude* poetry events staged at places such as the Old Spaghetti Factory, the Coffee Gallery, Malvina's Coffeehouse and the Savoy Tivoli, and after a series of now-legendary readings staged at the Little Fox Theatre located in the complex of Francis Ford Coppola's Zoetrope Film Studios, the events held at theaters and medium-sized venues couldn't hold the crowds, who, quite literally, stood in the streets waiting and hoping to hear Bob Kaufman, Lawrence Ferlinghetti, Harold Norse, Jack Hirschman, Jack Micheline, Diane di Prima, Michael McClure, David Meltzer, Gary Snyder, Philip Whalen and William Everson alongside their younger counterparts – those of us of the 60s generation. The culminating event of this expanding and upward and outwardly-moving three-year spiral, was the First San Francisco International Poetry Festival, which occurred in the fall of 1976, was staged at the 3000 seat Veterans Auditorium in the Civic Center district of the city, and which was planned and organized by the artist Peter LeBlanc, Neeli Cherkovski, Lawrence Ferlinghetti and myself. The after-shock of the San Francisco Festival was extensive, if not infectious, with the Bay Area literally « breaking out » in small, community-based reading series in dozens of cafes, restaurants and bars. Added to this was the increase in impromptu street readings, as well as copy-cat festivals which thrived on the new-found interest in poetry by San Francisco and Bay Area residents.

By 1980, many of those who had formed the original core of young poets that actively partici-pated in the second life of *Beatitude* magazine, and who had generated the « tidal surge » that became the 2nd San Francisco Renaissance, had dispersed.... Philip Daughtry and myself going north to become part of

Gary Snyder's back-to-the-land "Ridge" community (which included musicians such as minimalist composer Terry Riley, artists such as Arlo Acton, and poets such as Dale Pendell and Steve Sanfield who headed up *Kuksu* magazine and who had, with an entourage of friends, in 1977, come to San Francisco to give a reading, which resulted in the long-running Malvina's Coffeehouse Reading Series – which I was running at the time – being closed down after their staging a wild, pagan party on the premises), while Luke Breit, the first to depart the scene, moved to Mendocino on the northern California coast, Luis Collins moving to Seattle to start his own rare book business, Kaye McDonough eventually going to the desert of New Mexico before eventually moving back east to Pittsburgh with her (and Gregory Corso's) son, and Ken Wainio taking leave of the country and his senses, in 1979, by spending most of the next three years in Egypt and Greece. Meanwhile, the Renaissance, which had, by then, expanded to include the whole of the Bay Area, lingered on into the early 80s before burning out its audience with over-abundance, if not over-indulgence, and becoming, again, dormant until the resurgence of performance poetry in the mid-to-late 1990s revitalized the San Francisco scene.

During those mid-to-late years of the 1970s, while we were 'winging it' from day to day, at the same time there was a sense that we knew where we were going with all this. We might not have known how we were going to get there or where we would be when we arrived, but we knew in a metaphysical and metaphorical sense where we were going. There was a strange, intangible sense of destiny attached to our antics. We were full of ourselves, it's true, but our egos, intuitions, hopes and dreams manifested, more prominently, in our paintings, our progressive, liberal-leaning politics, and in the lines of our poetry and songs – which, while we had little or nothing of material value, (which often included food and shelter), was enough to keep us going for several years. We knew what we were doing. We knew, instinctively, what we were doing and that what we were doing would have an effect. Everything we did was done with the future in mind. Would-be "futurists," we looked on what we were doing as a prologue of things to come. It's just that we didn't know that the future would take quite this long.

It's been a quarter of a century since those years as "Baby Beats" on the streets in North Beach, San Francisco. Dispersed, now, many of us, from that scene where we came of age and thrust our literary standards into the soil, have been out in the world "fermenting", during which time we have generated some pretty good wine ! With many of our Beat mentors and teachers now leaving the material plane, the gap in the generations is beginning to consolidate, to be grouted with time. The public patriarchal shadow of the Beat Generation has lifted, and the "offspring" have come of age, matured. The originality and the power of our earlier and recent work is being discovered and applauded by, primarily, a younger audience looking for social and political answers, and looking for something new, something 'other', in American literature, to emulate. Our work is, now, being translated into other languages (French being primary among them) and being published in other countries and cultures, as the veil of negative publicity and recognition of our « lost » American generation is being lifted. An unveiling... being aided and abetted by the release of this book. And, finally, I can say, with conviction : it's our turn. It's our turn now !

Thomas Rain Crowe (alias Dawson)
January, 2004

PRÉFACE

Des années 1970 aux années 1980, pendant presque une décennie donc, San Francisco fut souvent comparée à Paris, ce Paris au tournant du siècle. « Une Renaissance » disent certains d'entre nous aujourd'hui. Et même alors, ce mot de « Renaissance » glissait parfois de nos lèvres dans des moments d'épiphanie projetée ou d'optimisme prématuré. Concentrée autour de la librairie City Lights Bookstore dans le quartier de North Beach, une fleur de lys se mit à bourgeonner et fleurir, ses pétales se répandant sur les quartiers ethniques de San Francisco et le long de sa baie, la Bay Area, avec des tiges feuillues en création, atteignant d'autres cercles littéraires et artistiques, puis plus loin, à Berkeley, Bolinas, Russian River et le long de la côte et au nord – tout du long jusqu'à Mendocino et la communauté de North San Juan Ridge dans les contreforts de la Sierra et aussi loin dans le sud que Santa Cruz. De jeunes poètes, artistes et musiciens venant de tout le pays, et aussi du monde entier, arrivaient presque chaque jour pour ajouter leurs voix au chœur d'une communauté grandissante de confrères bohémiens. L'explosion des Enfants Hippie/Fleur des années 60 et début 70 était terminée – et les Beats furent écartés de la scène par la popularité des groupes de rock, des chanteurs pop, des films cultes et de la nouvelle ère de spiritualité qui attiraient toute l'attention de l'Amérique. J'étais rentré aux États-Unis, après avoir passé un court séjour inattendu en France, en tant qu'expatrié. Ce fut une bonne période pour une poignée d'entre nous qui, tous autour de vingt ans, avions émigré à San Francisco/North Beach pour être aux côtés de nos héros littéraires Beats, alors quarantenaires et cinquantenaires, ceux des années 50, qui nous accueillirent à bras ouverts. En l'espace de quelques années, la scène littéraire de San Francisco refaisait surface grâce à la vivacité d'une Seconde Renaissance – à l'égale presque de la légende du Paris et du St-Petersbourg de la fin de siècle.

Ce fut, très honnêtement, la résurrection de la revue *Beatitude* (revue lancée par Bob Kaufman, une de ces publications beatniks inédites qui fit partie de la « révolution mimeograph[1] », dans les années 50) qui servit de déclic à la renaissance qui eut lieu au milieu des années 70. Il y avait aussi, et à ne surtout pas omettre ni marginaliser, les « cours » du Vendredi Soir – qui précédèrent la résurrection de *Beatitude* –, dans le petit appartement d'Harold Norse, qui se trouvait dans le quartier de South-of-Market où beaucoup d'entre nous, jeunes fous, firent connaissance pour la première fois, créant une aire d'abondance improbable, mais fertile, pour la « migration » littéraire qui allait suivre. La revue *Beatitude* et sa nouvelle génération d'éditeurs des années 60, furent les organisateurs de « l'événement » qui, vraiment, lança ce qui deviendrait la Seconde Renaissance à San Francisco : une lecture de poésie se déroulant au Savoy Tivoli, Grant Avenue. Elle célébrait l'annonce et le *dénouement* des treize ans de vœu de silence de Bob Kaufman (un événement en soi qui eut déjà lieu quelques semaines auparavant, à l'étage du Malvina's Coffeehouse, avec une oraison de Kaufman, un mélange inspiré de Keats, de « Wasteland » d'Elliot, de certains passages du travail de Charles Olson, de « Howl » de Ginsberg, d'« Illuminations » de Rimbaud, et des propres poèmes de kaufman. Comment sais-je cela ? J'y étais.) Le Savoy Tivoli était plein à craquer et il y avait des gens qui s'accumulaient à la porte. Finalement, un haut-parleur fut installé dans la rue, pour que tout le monde puisse être témoin de ce moment historique, de la présence de ce « Rimbaud noir » se dégageant et s'envolant, tel un phénix renaissant des cendres de plus d'une décennie de silence.

Mon compère, en ces temps-là, était un jeune juif sioniste qui fut comparé au jeune Allen Ginsberg, et qui se nommait Neeli Cherry (et qui allait bientôt devenir Cherkovski). Homme à la voix dynamique et très entraînante, venu dans le nord depuis les alentours de Los Angeles où il fut un compatriote de Charles Bukowski et qui attira beaucoup l'attention sur lui, sur *Beatitude* et tous les événements parrainés par *Beatitude*. Dans le noyau du groupe *Beatitude*, beaucoup firent connaissance lors des rassemblements chez Harold Norse ou par d'autres connexions à North Beach. Il y avait Ken Wainio, de Redwood Valley, dans le nord à proximité de Ukiah (qui, dans ses jeunes années, étudia à l'université d'état de San Francisco sous l'autorité du poète-résident surréaliste grec Nanos Valaoritis), David Moe, (un poète extrêmement expérimental qui publiait un tabloïd littéraire parodiant une revue porno pour faire en sorte d'en vivre, ne serait-ce qu'un minimum, et qui était un des seuls vrais natifs de San Francisco), Luke Breit (le fils de Harvey Breit du fameux New Yorker, qui de New York en passant par le centre de l'Amérique s'était frayé un chemin jusqu'à la Bay Area), Philip Daughtry (qui à cette époque se faisait appeler Suntree et atteignit la Bay Area en empruntant un circuit qui le mena, tour à tour, au Canada, à New York et au Colorado, cela après avoir émigré de Newcastle-upon-Tyne, nord de l'Angleterre, à l'âge de treize ans), Jerry Estrin (qui arriva à San Francisco pour devenir chauffeur de taxi après des séjours à Los Angeles, au Mexique et dans l'état de New York), Rod Iverson (revenant d'Europe, passant par le Reed College avant de se rendre à San Francisco), Paul Wear (qui vint du centre ouest des États-Unis pour devenir moine au Centre Zen de San Francisco), Kaye McDonough (originaire de Pittsburgh, mais venant à San Franscico après avoir vécu à Paris et étudié à la Sorbonne), Janice Blue (des montagnes du Kentucky), Kristen Wetterhahn (artiste, danseuse, professeur de yoga, à la présence et au calme irremplaçables – une « Wendy » pour « Peter Pans » que nous étions), Eugene Ruggles (dont le livre *The Lifeguard in the Snow* fut nominé en 1977, et faillit remporter le prix Pulitzer) et Cole Swensen (une blonde nordique à la voix de sirène, qui prit la tête d'une petite scène littéraire de l'autre côté du pont Golden Gate Bridge de San Francisco, à Marin County, au pied du Mont Tamalpias).

Certains « ovnis » tels que Sami Farhat (Ankido) de Palestine, Alexandr Kohav de Moscou et Pancho Aguila du Nicaragua (bien qu'il fût incarcéré à la prison de Folsom), vinrent s'ajouter, dans le groupe, aux implications internationales de *Beatitude* et à celles des Baby Beats.

Il y en a d'autres qui, bien qu'ils ne furent pas impliqués directement dans les machinations et productions éditoriales de la revue *Beatitude*, y étaient quand même publiés et furent une présence essentielle dans les années 70 et tout ce qui eut lieu à et autour de San Francisco : Stephen Schwartz (un natif de San Francisco, organisateur de syndicat, agitateur politique, et membre, pendant quelque temps, du Groupe Surréaliste Américain, basé à Chicago, et qui descendait vaguement du Paris de Breton), Jim Dalessandro (un poète de prose de Santa Cruz et un animateur fervent du Festival de Poésie de Santa Cruz), Jerry Kamstra (un bohémien de North Beach qui fut l'auteur, en 1974, d'un roman autobiographique intitulé *The Frisco Kid* – Le gamin de San Francisco), A. D. Winans (résident depuis longtemps à San Francisco et l'éditeur de Second Coming Press), Andre Codrescu (jeune et récent, à cette époque, immigré Roumain) et Sharon Doubiago (vivant à ce moment-là à Mendocino, sur la côte Californienne, après avoir quitté Los Angeles pour le nord de la Californie). Bien que cette liste ne soit pas complète, elle retient une grande partie de la cohorte de *Beatitude*.

Le compte rendu éditorial de Luke Breit, publié dans le *Beatitude 24*, à l'automne 1976, agrémente les débuts de la revue et de la scène de « la renaissance » dont elle fut le catalyseur :

« Lorsque j'eus enfin l'idée de relancer la revue Beatitude au printemps 1975, ce fut après une année de travail avec de nombreux poètes de North Beach. Larry Sparks avait commencé les lectures au Malvina's, d'importantes et longues séries dans lesquelles beaucoup d'entre nous s'impliquèrent. Jack Hirschman arriva sur la scène, et avec son incroyable énergie dévouée à la poésie, commença à cicatriser les plaies des poètes en altercation depuis bien longtemps. Thomas Crowe venait de la Caroline du Nord avec une adoration certaine pour les Russes et les Beats. Neeli Cherkovski descendait de Bukowski et organisait des événements politiques, il avait une énergie remarquable qui, même si elle en énervait certains, en revitalisait beaucoup d'autres. Derrière ces premières lignes d'action, les vieux sages, Lawrence Ferlinghetti et Harold Norse, donnèrent des conseils, des poèmes et d'autres coups de pouce moins tangibles. Il se passait tant de choses que j'eus une révélation soudaine quant à l'antique Beatitude qui était de nouveau nécessaire pour mettre en avant la grande variété d'écriture qui se faisait jour. Jack et Kristen Wetterhahn, Neeli et Thomas et Louis Collins firent immédiatement partie de la famille de Beatitude, inédit, renaissant. Nous décidâmes de mettre en place une rédaction à équipe variable et de garder la porte grande ouverte. Jusqu'ici notre idée semble avoir fonctionné. Beatitude a beaucoup attiré l'attention, ses lectures ont énormément de succès, et la revue, telle que mentionnée dans un numéro récent de Poetry Flash, 'est connue pour sa présentation sale et bordélique et pour la qualité de sa poésie' ».

Pendant que Discovery Bookstore – une librairie d'occasions, à deux portes de City Lights – était le « bureau » de *Beatitude*, et le lieu de travail de Luke Breit et Louis Collins, les cafés de jours et les bars de nuits étaient les liens artistiques et les terrains de jeux des jeunes artistes et bohémiens bodhisattvas qui souvent vivaient ensemble, la plupart n'ayant qu'un petit revenu, voire aucun, à part une sorte d'aide sociale, un boulot de plongeur, grâce à un patron/amant généreux, épris du ton humoristique et fêtard de cette scène. Ce fut une période excitante, et le village de North Beach, bordé au nord par la communauté italienne et au sud par Chinatown, gagnait plus en globalité qu'en petite localité, par sa taille et ses prises de conscience, et avec l'intersection des avenues Columbus, Grant et Broadway, devenait l'épicentre d'un tremblement de terre culturel, remodelant sa scène en cette fin de siècle approchant. Dans ce contexte et durant tous ces jours, nous vivions, nous nous nourrissions et nous dormions littéralement dans un bain de poésie et d'arts. Sans concurrencer les cours du vendredi soir d'Harold Norse, le salon de Michael McClure à Haight-Ashbury devint un lieu de rendez-vous des soirées du mercredi pour quelques-uns d'entre nous, comme le fut le lieu de Philip Lamantia, rue Kearny, en de rares occasions – une reprise plus douce et bienvenue des veillées nocturnes dans les bars de Broadway.

Au milieu de ce tremblement vital de la côte ouest, j'étais un des « Beatitude boys », les « Baby Beats. » (L'épithète littérale étant sortie de la bouche d'un Richard Brautigan enivré, tard une nuit, au Spec's Bar, lors d'une rixe verbale avec Ken Wainio qui osa critiquer le travail du vieil écrivain bohémien). Mais la revue *Beatitude*, du milieu à la fin des années 70, n'était pas le journal de quartier qu'elle avait été une génération plus tôt, publiant Brautigan, Kerouac, Kaufman, Lenore Kandell, Ruth Weiss, Ginsberg, etc… Sa portée, sous l'influence et la tutelle du lyrico-politique poète/traducteur Jack Hirschman, était devenue internationale, militante – comme le mettent en évidence les pages de la revue (avec des comptes-rendus éditoriaux réguliers dénonçant toutes choses allant des donations NEA à l'apartheid en Afrique du Sud) mais aussi les événements organisés et mis en scène par les membres de la rédaction qui incluaient des manifestations publiques et des lectures en soutien à Greenpeace, à l'Armée Républicaine Irlandaise, à Amnestie Internationale, à la « Proposition 15 sur la Sécurité Nucléaire », et aux droits civils du militant, dissident et poète coréen, Kim Chi Ha, pour n'en nommer que quelques-unes. Nous autres, « Baby Beats », étions un « groupe furieux », très visible et très vocal et ce fut cette visibilité et l'implacable agressivité lyrico-politique de ce groupe qui attira l'attention.

La nuit, nous traînions dans les bars des avenues Columbus et Broadway (au Vesuvio, au Spec, au Enrico). Durant la journée, on pouvait nous trouver dans les cafés de Grant Avenue (au Malvina, au Trieste, au Savoy Tivoli, au Cigar Store). Expresso la journée, les trucs sérieux le soir, avec Jack Hirschman faisant audience à une table retranchée du Vesuvio ou près du comptoir au Spec. Nous nous rassemblions pour attiser la flamme de *Beatitude*… Ce qui avait commencé comme une fête formidable « de l'enterrement de la vie de garçon » dans le minuscule appartement d'Harold Norse, du milieu à la fin des années 70, était devenu un véritable rassemblement mixte, avec des femmes montant à bord et créant sur le même pied d'égalité. Des poétesses et des artistes telles que Kristen Wetterhahn, Kaye McDonough, Janice Blue, Cole Swensen et Jackie Bacs, donnant de la crédibilité à la voix féministe en hausse à l'époque.

En 1976, après les premiers événements poétiques de *Beatitude*, qui eurent lieu dans des endroits tels que le Old Spaghetti Factory, le Coffee Gallery, le Malvina Coffeehouse et le Savoy Tivoli, et après une série de lectures aujourd'hui légendaires qui se déroulaient au Little Fox Theatre, situé dans le complexe *Zoetrope Film Studios* de Francis Ford Coppola, les événements qui suivirent, dans des théâtres et des endroits de moyennes tailles, attirèrent une foule de plus en plus nombreuse qui, littéralement, se tenait dans les rues à attendre et à espérer entendre Bob Kaufman, Lawrence Ferlinghetti, Harold Norse, Jack Hirschman, Jack Micheline, Diane di Prima, Michael McClure, David Meltzer, Gary Snyder, Philip Whalen et William Everson, aux côtés de leurs jeunes compères – nous autres, de la génération des années 60. L'événement culminant de ces trois ans de spirale infernale croissante, prenant de plus en plus d'importance et s'ouvrant sur l'extérieur, fut le Premier Festival International de Poésie de San Francisco, qui eut lieu à l'automne 1976, au Veterans Auditorium, avec ses 3000 places, dans le quartier du

Centre Civique de la ville, et qui fut planifié et organisé par l'artiste Peter LeBlanc, et par Neeli Cherkovski, Lawrence Ferlinghetti et moi-même. L'après-coup du festival de San Francisco fut considérable, prodigieusement contagieux, la Bay Area « s'effritant » littéralement en de petites communautés de lectures dans des douzaines de cafés, restaurants et bars. Il faut ajouter à cela la croissance des lectures impromptues dans les rues, ainsi que les festivals copies conformes qui prospérèrent à partir de ce nouvel intérêt pour la poésie, adopté par les résidents de San Francisco et de la Bay Area.

En 1980, la plupart de ceux qui avaient formé le noyau originel des jeunes poètes qui participèrent activement à la seconde vie de la revue *Beatitude*, et qui avaient engendré le « raz-de-marée » qui devint la Seconde Renaissance de San Francisco, s'étaient dispersés... Philip Daughtry et moi allant dans le nord pour faire partie de la communauté « Ridge » retour-à-la-terre de Gary Snyder (qui incluait des musiciens comme le compositeur minimaliste Terry Riley, des artistes comme Arlo Acton, des poètes comme Dale Pendell et Steve Sanfield qui dirigeaient la revue *Kuksu* et qui, en 1977, avec quelques amis, étaient venus à San Francisco pour faire des lectures qui devinrent les nombreuses Séries de Lectures du Malvina's Coffeehouse – que je dirigeais à cette époque-là – et qui fut fermé à la suite de ces représentations sauvages et autres fêtes païennes sur les lieux), alors que Luke Breit, le premier à quitter la scène, s'installait à Mendocino sur la côte nord de la Californie, que Louis Collins déménageait à Seattle pour lancer sa propre affaire de livres rares et précieux, que Kaye McDonough allait dans le désert du Nouveau Mexique avant de retourner dans l'est à Pittsburgh, avec son fils (et celui de Gregory Corso), et que Ken Wainio, délaissant le pays et ses sens, en 1979, passait la plupart des trois prochaines années en Egypte et en Grèce. Entre-temps, la Renaissance, qui s'était étendue jusqu'à inclure la Bay Area entière, s'attarda dans les premières années de 1980 avant de lasser son audience par une sur-abondance, si ce n'est une sur-indulgence participative, s'endormant, de nouveau, jusqu'à ce que la résurgence des performances poétiques, du milieu à la fin des années 1990, revitalise la scène de San Francisco.

Pendant ces années 70, du milieu à leur fin, alors que nous improvisions au jour le jour, il y avait, en chacun de nous, cette sensation de savoir où nous allions avec tout cela. Nous ne savions peut-être pas comment nous allions nous y rendre ni où nous serions lorsque nous arriverions, mais nous savions, dans un sens métaphysique et métaphorique, où nous voulions aller. Il y avait une étrange, intangible sensation de destin attaché à nos espiègleries. Nous étions emplis de nous-mêmes, c'est vrai, mais nos egos, intuitions, espoirs et rêves, se manifestaient, de façon plus proéminente, dans nos peintures, nos penchants pour une politique de gauche, progressiste, et dans les lignes de notre poésie et de nos chansons qui, alors que nous avions si peu ou rien en valeur matérielle, (qui souvent incluait la nourriture et le toit), suffisait pour nous pousser à continuer quelques années. Nous savions ce que nous faisions. Nous savions, instinctivement, ce que nous faisions et que ce que nous faisions aurait un effet. Tout ce que nous faisions était fait avec le futur en tête. Comme les « futuristes » fin de siècle, nous regardions ce que nous faisions comme un prologue de choses à venir. Mais nous ne savions pas que le futur prendrait tant de temps.

Un quart de siècle est passé depuis ces années en tant que « Baby Beats » dans les rues de North Beach, San Francisco. Nous nous sommes éloignés, maintenant, pour la plupart d'entre nous, de cette scène où nous avons atteint l'âge mûr et fait notre bonhomme de chemin littéraire, nous avons depuis fait partie du monde et « fermenté », dans cette période pendant laquelle nous avons engendré d'assez bons vins ! Beaucoup de nos mentors et professeurs Beats quittent maintenant le monde matériel, l'écart entre les générations commence à se consolider, à se sceller dans le temps. L'ombre patriarcale publique de la Beat Generation s'est dissipée et la « descendance » a atteint l'âge mûr. L'originalité et le pouvoir de notre travail d'antan et récent sont en train d'être découverts et applaudis par, principalement, une audience assez jeune qui cherche des réponses sociales et politiques, mais aussi quelque chose de nouveau, quelque chose « d'autre », dans la littérature Américaine, pour rivaliser. Notre travail est, maintenant, traduit dans d'autres langues (principalement en français) et publié dans d'autres pays et cultures alors que le voile de publicité et de reconnaissance négatives de notre génération « perdue » d'Américains est en train d'être levé. Un dévoilement... appuyé et stimulé par la parution de ce livre. Et pour finir, je peux dire, avec conviction : à nous de jouer. C'est à nous de jouer maintenant !

Thomas Rain Crowe (alias Dawson)
Janvier, 2004

1 « Mimeographs » were the first kind of copying machines. They were very primitive, but very cheap – even in the 70s ; so this is the way we printed editions of *Beatitude*.
1 Les « Mimeographs » étaient les premières photocopieuses. Elles étaient très primitives, mais ne coûtaient rien—même dans les années 70 ; c'est donc comme cela que nous imprimions les éditions de *Beatitude*.

CALIFORNIA POETS & LEGISLATORS

IN SUPPORT OF
PROPOSITION 15

Lawrence Ferlinghetti
Michael McClure
Robert Duncan
Diane DiPrima

State & Local Speakers For:
Californians For Nuclear Safeguards
David Meltzer
Bob Kaufman
Jack Hirschman
David Henderson
Philip Suntree
Kaye McDonough
David Moe
Neeli Cherkovski
Thomas Dawson

with absentee supportive statements from:
Philip Whalen / Gary Snyder

June 4   12 Noon
Union Square Park   San Francisco

Beats

UNITED FARMWORKERS BENEFIT

LAWRENCE
FERLINGHETTI
speaking
his
poetry

LONE MOUNTAIN COLLEGE   thurs. april 3 - 8pm
tickets $1.50   lone mountain   752 - 7000
                        city lights bookstore   362 - 8193

Proposition 15 Reading - Lawrence Ferlinghetti
P Mosher 76

Lawrence Ferlinghetti

Lawrence Ferlinghetti - founder of City Lights Bookstore and Publishing in San Francisco in the 1950s is America's best-selling poet of the 20th century. His bookstore was the central gathering place and his presence was the pillar upon which the Baby Beat group and *Beatitude* magazine found support. A constant presence on the North Beach scene, and friend and publisher, early on, of Allen Ginsberg, as well as younger poets, the "Baby Beats" took flight during the 1970s to large measure as a result of his friendship and influence. His press—City Lights Books—was, during the 70s decade, and remains, an inspiration for small press poetry publishers in the U.S. and around the world. A resident of San Francisco since the early 1950s after living for a number of years in Paris, he continues to live in North Beach where his City Lights Bookstore has been designated as a California State Historic Landmark.

Lawrence Ferlinghetti - fondateur de la librairie City Lights Bookstore et de la maison d'édition City Lights Books à San Francisco dans les années 50. Il est le poète américain le plus vendu du 20ème siècle. Sa librairie était le lieu de rassemblement central et sa présence était le pilier sur lequel le groupe Baby Beat et la revue *Beatitude* reposaient. Une présence constante sur la scène de North Beach, ami et éditeur de longue date de Allen Ginsberg, ainsi que de plus jeunes poètes, les « Baby Beats » prirent leur envol durant les années 1970 en grande partie grâce à son amitié et à son influence. Sa maison d'édition - City Lights Books - était, durant la décennie 1970, une inspiration (qui demeure encore) pour les petites maisons d'édition de poésie aux Etats Unis et autour du monde. Un résident de San Francisco depuis les années 1950 après avoir vécu un certain nombre d'années à Paris, il continue de vivre à North Beach où sa librairie City Lights Bookstore a été classée au Patrimoine Historique de l'Etat de Californie.

AMERICAN ROULETTE

If things go on like this
cockroaches will inherit the earth
They are actually just waiting
upsidedown in hidden corners
for us to fuck up even worse
And when we do
they'll just throw off their disgusting disguises
and come right out in the open
larger than life
and march down the boulevards
like live tanks
spraying stored-up DDT
which was sprayed at them for years
and which they've saved up
for just such an occasion
as the end of our world
when the Jupiter Effect for instance
in 1982
triggers California earthquakes
far worse than 1906
which naturally cause every nuclear plant
West of the Rockies
to crack their reactor cores
and leak live white death
over all
which really shouldn't bother anybody at all
for after all we were assured it wouldn't happen
by the San Francisco Chronicle and
Allied Chemical and Bankamerica Corporation and
Atlantic Richfield and DuPont Nemours and Kaiser Industries
and General Motors and Exxon and PGE and Standard Oil
and U.S. Steel and Westinghouse and Bechtal and
General Electric and Ford and dozens of other
national and multinational corporations
who contributed a total of at least
three million dollars
to defeat the California Anti-Nuclear Proposition
and hide from us the facts
that there is still no known and approved
method of storing atomic wastes and that
pure plutonium really isn't dangerous at all
and that live reactors can't leak at all
especially on the San Andreas Fault
And anyway the fault lies in our stars
and not in our selves at all
Beatitude#25, 1976

ROULETTE AMÉRICAINE

Si les choses continuent comme ça
les blattes hériteront de la terre
Elles attendent juste
sens dessus dessous dans les coins reculés
que l'on fasse encore plus tout foirer
Et lorsque nous le ferons
elles se débarrasseront juste de leurs déguisements dégueulasses
et sortiront au grand jour
plus imposantes que la vie
et défileront sur les boulevards
comme des chars vivants
pulvérisant du DDT emmagasiné
qui leur avait été pulvérisé des années durant
et qu'elles ont conservé
pour une occasion telle
que la fin du monde
lorsque l'Effet Jupiter par exemple
en 1982
déclenchera les tremblements de terre californiens
bien pire qu'en 1906
ce qui provoquera naturellement sur chaque centrale nucléaire
à l'ouest des Rocheuses
l'effondrement du coeur de leurs réacteurs
et la fuite de la mort vivante blanche
sur tout
ce qui ne devrait vraiment déranger personne du tout
puisqu'après tout nous avions été assurés que ça n'arriverait pas
par le San Francicsco Chronicle et
Allied Chemical et Bankamerica Corporation et
Atlantic Richfield et Dupont Nemours et Kaiser Industries
et General Motors et Exxon et PGE et Standard Oil
et U.S. Steel et Westinghouse et Bechtal et
General Electric et Ford et des douzaines d'autres
corporations nationales et multinationales
qui ont rassemblé un total d'au moins
trois millions de dollars
pour déjouer la Proposition Anti-Nucléaire de Californie
et pour nous cacher les faits
qu'il n'y a toujours pas de méthode connue et approuvée
pour emmagasiner les déchets atomiques et que
le plutonium pur n'est vraiment pas dangereux du tout
et que les réacteurs en activité ne peuvent pas fuir du tout
spécialement sur le San Andreas Fault
Et de toute façon la faute gît dans nos étoiles
et pas en nous du tout

4 juin 1976

Gary Snyder

Gary Snyder - was a rural, environmental and Zen Buddhist presence in San Francisco during the 1970s even while living a few hours to the north of the city in the Sierra Nevada mountains. As a contributor to *Beatitude* and *Kuksu* magazines during the 70s, he also participated in the San Francisco International Poetry Festival in 1976, as well as serving as friend and mentor to many of the younger generation poets who were the genesis for the 2nd Renaissance—particularly such poets as Thomas Crowe, Philip Daughtry and Dale Pendell. Elevated to international prominence as the main character (Japhy Ryder) in Jack Kerouac's novel *Dharma Bums* published in 1959, he was and remains one of the most prominent, celebrated and honored of all the Beat Generation writers. Author of dozens of books of poetry, essays, and criticism, his book of poems *Turtle Island* won the coveted Pulitzer Prize for Poetry in America, in 1975. His books, such as *Back Country* and *Practice of the Wild* and poems such as "Smoky the Bear Sutra" and "Pledge of Allegiance" are American literary and environmental classics and taught in secondary schools and universities. As a strong voice for environmental ethics, preliterate cultures, and bioregional politics, he continues to live in his *Kitkitdizze* home in the North San Juan community of the Sierra foothills of California and was on the writing faculty of the University of California at Davis in the Program in Nature & Culture before his recent retirement from teaching.

Gary Snyder - fut la présence rurale, environnementale et Bouddhiste Zen de San Francisco dans les années 1970 même s'il vivait à quelques heures au nord de la ville dans les montagnes Sierra Nevada. Contributeur des revues *Beatitude* et *Kuksu* dans les années 1970, il participa aussi au Festival de Poésie International de San Francisco en 1976, et était l'ami et le mentor de beaucoup des poètes de la jeune génération qui furent la genèse de la seconde Ranaissance - particulèrement les poètes Thomas Crowe, Philip Daughtry et Dale Pendell. Élevé au rang international de l'éminence en tant que personnage principal (Japhy Ryder) du roman *Dharma Bums (Clochards Célestes)* de Jack Kerouac, publié en 1959, il fut et reste un des écrivains éminents, célèbres et honorés, de la Beat Generation. Auteur de nombreux livres de poésie, essais, et critiques, son livre de poèmes *Turtle Island* remporta le prix Pulitzer pour la Poésie aux Etats Unis en 1975. Ses livres, tels que *Back Country* et *Practice of the Wild* et poèmes tels que "Smoky the Bear Sutra" et "Pledge of Allegiance" sont des classiques littéraires et environnementaux américains et sont enseignés au lycée et à l'université. Une voix puissante pour l'éthique environnementale, les cultures prélettrées, et la politique biorégionale, il continue à vivre dans sa maison *Kitkitdizze* dans la communauté de North San Juan des sierras de la Californie. Il était enseignant à la faculté d'écriture de l'Université de Californie à Davis dans le programme de Nature et Culture avant sa récente retraite.

MONEY GOES UPSTREAM

I am hearing people talk about reason
Higher consciousness, the unconscious,
      looking across the audience
      through the side door
      - hot sunshine blocks out
      a patch of tan grass and thorny buckbrush

There are people who do business within the law.
And others, who love speed, danger,
Tricks, who know how to
Twist arms, get fantastic wealth,
Hurt with heavy shoulders of power,
And then drink to it !
      they don't get caught.
      they _are_ the law. Is this reason ?
      or is it a dream.

I can smell the grass, feel the stones with bare feet
      though I sit here shod and clothed, with all the people ;
      that's my power.

And some odd force is in the world
Not a power-
That seeks to own the source.
It dazzles and it slips us by,
It swims up-stream.

Kuksu, 1976

L'ARGENT VA À CONTRE-COURANT

J'entends les gens parler de la raison
D'une conscience plus élevée, de l'inconscient,
      regardant de l'autre côté de l'auditoire
      par la porte traversale
      - la lumière chaude du soleil obstrue
      une parcelle d'herbe jaunie et de broussaille épineuse

Il y a des gens qui font des affaires en respectant la loi.
Et d'autres, qui aiment la vitesse, le danger,
Les ruses, qui savent comment
Tordre les bras, obtenir une fortune incroyable,
Faire mal avec un pouvoir aux lourdes épaules,
Et ensuite boire à cela !
      ils ne se font pas attraper.
      ils _sont_ la loi. Est-ce cela la raison ?

ou est-ce un rêve.

Je peux flairer l'herbe, palper les pierres avec mes pieds nus
    bien que je sois assis là chaussé et habillé, avec tous les gens ;
    c'est mon pouvoir.

Et une force bizarre se trouve dans le monde
Pas un pouvoir -
Qui cherche à posséder la source.
Elle nous aveugle et nous échappe.
Elle nage à contre-courant.

Gary Snyder
San Francisco, Poetry Festival, 1976
Bob Kaufman in background (en fond)

Jack Micheline

Jack Micheline - originally from the Bronx, New York, migrated to San Francisco during the 1960s and remained there until his death in 1998. One of the truly original voices of the Beat Generation—heralded, early on, by Jack Kerouac as his generation's quintessential street singer. Was an integral part and presence in *Beatitude* publications and public events during the 1970s. Beatitude Press published his second major collection, *Poems of Dr. Innisfree*, in 1975, which began a kind of "2nd renaissance" of its own whereas Micheline's work and visibility was concerned—spawning the publication of subsequent collections of his poems throughout the next 25 years of his life.

Jack Micheline - originaire du Bronx, New York, il émigra à San Francisco dans les années 1960 et y vécut jusqu'à sa mort en 1998. Une des voix originelles de la Beat Generation - pressenti assez tôt par Jack Kerouac comme le chanteur de rue quintessentiel de sa génération. Fit intégralement partie des publications et événements publiques du *Beatitude* des années 1970. Beatitude Press publia son deuxième recueil majeur, *Poems of Dr. Innisfree*, en 1975, qui débuta en quelque sorte sa propre « seconde renaissance » en ce qui concerne son travail - générant la publication de futurs recueils de ses poèmes pour les 25 prochaines années de sa vie.

A CRIMINAL BY NATURE

Rockefeller
Ford
you cats never bet a long shot in your life
Everything was in
The advisors
some contemporaries
to buy your art
Like a rare breed of a dog
shining in the sunlight
worth its price
but the cat who don't buy horses and dogs
buys artists
Say the right things baby
Sex
Violence
sweet words at a middle-class party
tea in the afternoon
for rebels who have only words to say
dress nice
learnt to keep their liquor
The power just showed up
Barney Rosset
Richard Baron
The cat who owns Esquire enterprises
Be nice
say the right words
and take down the right phone number
for the bored secretaries
There's a mad poet in the city
talks to himself
writes mad poems
of life and hope
Take the put-up job and shove it
Rimbaud dying in bed, leg amputated (from Arabia)
Baudelaire hot after his broad driving him nuts
Villon disappeared after crime
Artaud out of his mind seeking the drugs of Mexico
Hart Crane jumps into the Gulf of Mexico
Vachel Lindsay shade down in Denver hotel
Lorca shot to death near the mountains of Granada
Vallejo starves in his room in the Latin Quarter
Mayakovsky Russian Roulette
Gorky
Jack London
forgotten in America
History a lie

The silence of history
like the Rockefeller foundation interested in the arts
The poor poet can't buy postage stamps
Art and Life
United with the sky
and dream
and love
The illumination of a poem
or a painting
proclaimed a queer by the latest critic
so it is nature in the woods
a piece of ass
a flower
a poet with wild eyes
no money
writing his mad head
for some future time
America will be reborn
the young shall arise
with jazz and skies
A Criminal by Nature
Shall lead them home
Like a long shot who came home victorious.

Beatiture #21, 1975

UN CRIMINEL PAR NATURE

Rockefeller
Ford
vous les gars vous ne vous mouillez jamais dans la vie
Tout était pris en charge
Les conseillers
amis fortunés
pour acheter votre art
Comme une race de chien rare
brillant au soleil
vaut son prix
mais le gars qui n'achète pas de chevaux ni de chiens
achète des artistes
Dis les choses comme elles sont chérie
Sexe
Violence
doux mots lors d'une fête chez la classe moyenne
thé l'après-midi
pour les rebelles qui n'ont que des mots à dire
s'habille bien
éduquée à garder ses liqueurs

Le pouvoir vient de s'pointer
Barney Rosset
Richard Baron
Le gars qui possède de Seigneuriales entreprises
Soyez gentils
dites les mots qu'il faut
et notez le bon numéro de téléphone
des secrétaires lassées
Il y a un poète dégénéré dans la ville
se parle à lui-même
écrit des poèmes furieux
sur la vie et l'espoir
Prenez le boulot pistonné et foutez-vous le où j'pense
Rimbaud mourant au lit, jambe amputée (d'Arabie)
Baudelaire furieux après sa petite amie le rendant dingue
Villon disparu après un crime
Artaud perd la tête cherchant les drogues du Mexique
Hart Crane saute dans le Golf du Mexique
Vachel Lindsay rideau baissé à l'Hotel DENVER
Lorca abattu près des montagnes de Grenade
Vallejo crève de faim dans sa chambre du Quartier Latin
Mayakovsky Roulette Russe
Gorky
Jack London
oubliés en Amérique
L'Histoire est un mensonge
Le silence de l'Histoire
comme la fondation Rockefeller qui s'intéresse aux arts
Le pauvre poète ne peut s'acheter de timbres
Art et Vie
Unis avec le ciel
et le rêve
et l'amour
L'illumination d'un poème
ou d'une peinture
traité de pédé par les récentes critiques
c'est donc la nature dans les bois
rien de plus qu'un cul
une fleur
un poète avec des yeux de sauvage
pas d'argent
écrivant à en perdre la tête
pour un temps futur
l'Amérique renaîtra
les jeunes se soulèveront
avec le jazz et les ciels
Un Criminel par Nature
Les guidera chez eux
Comme une grosse mise qui est rentrée chez elle victorieuse.

Proposition 15 Reading - Jack Hirschman

P. Mosher '74

Jack Hirschman

Jack Hirschman - author of over 80 books of original work, translations and anthologies, he was the true "tutor," mentor, touchstone and daily presence for the younger group of poets moving into and living in North Beach during the 1970s. As the patriarch behind *Beatitude* magazine and editor with Kristen Wetterhahn of the 23rd issue of the magazine, his dedication and focus on a life lived in complete dedication to the poetic soul—to language and text—was a role model that was emulated by many during the decade of the 70s. Over the course of his lifetime he has translated books from eight different languages and is, today, celebrated in Italy and France as one of America's premier living poets. Originally from the Bronx, New York, he moved to Los Angeles during the 1960s, then to San Francisco in 1972, where he began his anti-establishment, anti-corporate political work with what has often been referred to by his "students" as "the university of the streets." Today, he divides his time—living in San Francisco and the English countryside.

Jack Hirschman - auteur de plus de 80 livres de son propre travail, traductions et anthologies, il était le vrai "tuteur", mentor, modèle et la présence quotidienne pour le groupe de jeunes poètes s'installant à North Beach durant les années 1970. En tant que patriarche derrière la revue *Beatitude* et éditeur avec Kristen Wetterhahn du numéro 23, sa vie totalement dédiée à l'âme poétique - langue et texte - fut un exemple qui fut suivi par beaucoup lors de la décennie 70. Il a traduit des livres de huit différentes langues et est, aujourd'hui, célèbre en Italie et en France comme un des poètes américains importants encore en vie. Originaire du Bronx, New York, il s'installa à Los Angeles dans les années 1960, puis à San Francisco en 1972, où il commença son travail politique anti-establishment et anti-corporatisme qui a souvent été qualifié par ses « étudiants » comme « l'université des rues ». Aujourd'hui il partage son temps et sa vie entre San Francisco et la campagne anglaise.

POEM

It happened a long time ago
that I was sad
to mouth your name
openly and clearly
it would not come out
I was alone
and would always be
your way of breathing
any time of day
or night
and you could do with me
what you would
because I believe in
what you stood for
and I do to this
instant
because we are comrades
I will not say your name
either
this is a very sad poem
because so very magnificent
the party concerned
seeming to be known by all
and that is true
you know they say
we are dead
they say we are things
or that there is
something like dying
that is always about us
or that we are stars
or dogs of space
I don't think we are that
do you ?
I think I know what we are.
I think I know that you are
with me as I am with you.
I think and I think again.
There is no sadder rain
when we come to weeping.
There is no brighter light
when our joys are tied
by these scintillating
energies.
Our pride stands ever
with you.

Our eyes are yours
as ever.
Please do not die anymore
if you are dead.
We are all here
together.
Lift up your pen.
Don't be shy.

Beatitude #25, 1976

POÈME

Ça s'est passé il y a longtemps
j'étais triste
de prononcer ton nom
ouvertement et clairement
il ne sortait pas
J'étais seul
et le serais toujours
ta façon de respirer
à n'importe quel moment du jour
ou de la nuit
et tu pourrais faire de moi
ce que tu voudrais
parce que je crois à
ce dont tu t'opposais
et je continue à cet
instant
parce que nous sommes des camarades
Je ne dirai pas non plus
ton nom
c'est un poème très triste
parce que tellement munificente
la personne concernée
semblant être connue de tous
et cela est vrai
tu sais qu'ils disent
que nous sommes morts
ils disent que nous sommes des choses
ou qu'il y a
comme quelque chose en train de mourir
qui toujours nous concerne
ou que nous sommes des étoiles
ou des chiens de l'espace
Je ne pense pas que nous sommes cela
et toi ?

Je pense que je sais ce que nous sommes.
Je pense que je sais que tu es
avec moi comme je suis avec toi.
Je pense et je pense encore.
Il n'y a pas de pluie plus triste
que lorsque nous en venons à pleurer.
Il n'y a pas de lumière plus brillante
que lorsque nos joies sont reliées
par ces scintillantes
énergies.
Notre fierté est à jamais présente
avec toi.
Nos yeux sont les tiens
depuis toujours.
S'il te plaît ne meurs plus
si tu es morte.
Nous sommes tous ici
ensemble.
Lève ton stylo.
Ne sois pas timide.

Jack Hirschman & Thomas Crowe
in front of (devant) City Lights Bookstore, San Francisco, 1975

Proposition 15 Reading - Bob Kaufman *Plusher '76*

Bob Kaufman

Bob Kaufman - some would say is the most important figure among Beat Generation poets. Translated and published in French, following the publication during the 1960s in the U.S. of *Golden Sardine*, he has been hailed in France as "The Black Rimbaud." He moved from New York City in the 1950s to San Francisco, where he was at the epicenter of the street scene in North Beach during the (1st) San Francisco Renaissance, and was founding Editor of *Beatitude* Magazine—where many of the Beat Generation writers published their first work. Herb Caen—who is given credit for coining the phrase "Beatnik" is said to have made up this term to describe Bob Kaufman. Following a vow of silence after the assassination of President John F. Kennedy (which lasted almost thirteen years), he gave his first reading in 1975 at a *Beatitude*-sponsored event at the Old Spaghetti Factory in North Beach, which, quite literally, was the spark for the whole "2nd San Francisco Renaissance" that followed. During the second half of the 1970s he took part in many Beatitude/City Lights events—which were catalyst for publications of his poems that followed prior to his death in 1986.

Bob Kaufman - certains diraient, est la figure la plus importante des poètes de la Beat Generation. Traduit et publié en français, après la publication dans les années 1960 aux USA de *Golden Sardine*, il a été surnommé en France le « Rimbaud noir ». Il quitta New York City dans les années 1950 pour s'installer à San Francisco où il était l'épicentre de la scène de la rue à North Beach durant la première Renaissance de San Francisco et fut l'éditeur-fondateur de la revue *Beatitude* - où un grand nombre des écrivains de la Beat Generation publièrent leurs premiers travaux. Il est dit que Herb Caen aurait inventé le terme « Beatnik » pour décrire Bob Kaufman. Après un voeu de silence (qui dura presque treize ans) suite à l'assassinat du Président John F. Kennedy, il fit sa première lecture en 1975 lors d'un événement organisé par *Beatitude* au Old Spaghetti Factory à North Beach, et qui fut, littérallement, l'étincelle de la « Seconde Renaissance de San Francisco » qui allait suivre. Durant la deuxième partie des années 1970 il prit part à de nombreux événements organisés par Beatitude/City Lights - qui furent le catalyseur de la publication de ses poèmes qui suivirent avant sa mort en 1986.

*

I am Sitting in a Pad in The Middle of The Step
Listening to Jazz on The Radio & The Soft Female
Voice of an Airy Girl Dreaming of Dreams & Reading
Poetry From The Magazine Beatitude, A Paper Book
of Cool Warm Cold and Hot Beatitudes From Poets -
Whose Voices are Tuned to Every Inflection of
The Life of Man.

Yea

Yea

Beatitude #23, 1976

*

Je suis Assis sur un Coussinet au Milieu de La Marche
Ecoutant du Jazz à La Radio & La Douce Voix
Féminine d'une Fille Légère Comme L'Air Rêvant de Rêves & Lisant
la Poésie De La Revue Beatitude, Un Livre de Papier
de Béatitudes Fraîches Chaudes Froides et Brûlantes De Poètes -
Dont les Voix sont Accordées sur Chaque Inflexion de
La Vie de l'Homme.

Ouais

Ouais

THE CELEBRATED WHITE CAP SPELLING BEE

The celebrated White Cap Spelling Bee was won by a spelling bee.
A star asked a pointed question, can a circle wrap around itself ?
A stilled pygmy answers from the back of mind, we are deep dwarfs,
and have our say in the affairs of flowers, & a misspelled bee makes a sign.
Blue is one of the many faces of blue. How quick a red whale sings the blues.
When an outboard solar boat sinks, I will walk the suns' perimeter, curving up.
Once I put my initials on a magnificent crocodile. We walked a river's floor.
A bird I heard sing in a tree in the gulf of Mexico ... Bird song of lovely salt, a love song.
I change my mind & the new one is older... A drum beats behind my ribs.

Someone drew a portrait on a wave... It wove as we passed doing knots, rust hands.
Smells stop when the sea is alarmed. Hell cools its fires of anticipation.
When oceans meet, oceans below, reunions of ships, sailors, gulls, black haired girls.
The sea bathes in rain water, morning, moon & light, the clean sea.
Great farms on the oceans' floor, green crops of sunken hulls growing shells.
Seas that grow from a hole born in a turtle's back, a sea in a tortoise sack.
Fish go naked all their lives. When caught, they die of embarrassment.
Many, many years ago, there were many, many years to go, & many, many years to come.
The land is a great sad face. The sea is a huge tear, compassion's twins.

If there is a god beneath the sea, he is drunk & telling fantastic lies.
When the moon is drinking, the sea staggers like a drunken sailor.
Poets who drown at sea, themselves, become beautiful wet songs, cranes.
A lookout makes a landfall, a falling land makes a lookout.
At the ends of water, the holy marriage of the horizons.
The sea, diluted continents loving fallen skies, time before time, time past,
time coming into time, time now, time to come, timeless, flowing into time.

Everything is the sea. The sea is everything, always... Eternally, I swear.

Beatitude # 24, 1976

LE CÉLÈBRE CONCOURS D'ORTHOGRAPHE DE LA CAPUCHE BLANCHE

Le célèbre concours d'orthographe de la capuche blanche fut remporté par un concours d'orthographe.
Une étoile posa une question pointue, un cercle peut-il s'envelopper autour de lui-même ?
Un pygmée immobile répond du fond de l'esprit, nous sommes des nains profonds, et avons notre mot à
dire dans les affaires des fleurs, & un concours mal orthographié fait un signe.
Le bleu est une des nombreuses facettes du bleu. À quelle vitesse une baleine rouge chante-t-elle le blues ?
Lorsqu'un bateau à moteur solaire coulera, je parcourrai le périmètre du soleil, se courbant. Un jour j'ai mis
mes initiales sur un crocodile magnifique. Nous avons parcouru le fond d'une rivière. Un oiseau que j'ai
entendu chanter dans un arbre du Golf du Mexique... Chanson d'oiseau sur le joli sel, une chanson d'amour.
Je change d'avis, & le nouveau est plus vieux... Un tambour bat derrière mes côtes.

Quelqu'un a dessiné un portrait sur une vague... Elle s'est tissée alors que nous passions en faisant des nœuds, les mains rouillées.

Les odeurs s'arrêtent lorsque la mer est alarmée. L'enfer refroidit ses feux d'anticipation.

Lorsque les océans se croisent, les dessous des océans, réunions de bateaux, marins, mouettes, filles aux cheveux noirs.

La mer se baigne dans l'eau de pluie, matin, lune & lumière, la mer propre.

De grandes fermes dans le fond de l'océan, des récoltes vertes de coques immergées cultivant des carcasses.

Des mers qui grandissent dans un trou né sur le dos d'une tortue, une mer dans le panier d'une tortue terrestre.

Les poissons vont nus toute leur vie. Lorsque attrapés, ils meurent d'embarras.

De nombreuses, nombreuses années en arrière, il y avait de nombreuses, nombreuses années qui restaient, & de nombreuses, nombreuses années à venir.

La terre est un grand visage triste. La mer est une gigantesque larme, jumeaux de la compassion.

S'il y a un dieu sous la mer, il est saoul & dit de fantastiques mensonges.

Lorsque la lune boit, la mer titube comme un marin enivré.

Les poètes qui se noient dans la mer, eux-mêmes, deviennent de belles chansons mouillées, des grues.

Une tour de guet touche terre, une terre touche une tour de guet.

À l'extrémité des eaux, le saint mariage des horizons.

La mer, continents dilués faisant l'amour aux ciels tombés, le temps avant le temps, le temps du passé, le temps qui vient dans le temps, le temps maintenant, le temps à venir, le temps inexistant, s'écoulant dans le temps.

Tout est la mer. La mer est tout, toujours... Éternellement, je le jure.

Harold Norse

Harold Norse - editor of *Bastard Angel* during the 1960s and 1970s. Was knighted by William Carlos Williams as one of the most important voices among the Beat Generation writers. He is considered something of the 'godfather' of the American gay poetry scene. Originally from the east coast of the U.S., after living abroad in Paris and Tangiers, he moved to Venice Beach, California in the 1960s and then to San Francisco where he has lived ever since. His "Friday Night Classes" were the spawning ground for the Baby Beat movement and the resurrection of *Beatitude* magazine in 1975. Author of twelve volumes of poetry and a novel, *Beat Hotel,* based on his life in Paris during the 1950s, his memoir *Memoirs of a Bastard Angel* is considered today something of a cult literary classic.

Harold Norse - éditeur de *Bastard Angel* dans les années 1960 et 1970. Fut proclamé par William Carlos Williams comme une des voix les plus importantes parmi les écrivains de la Beat Generation. Il est considéré comme le « parrain » de la scène de la poésie gay américaine. Originaire de la côte est des Etats Unis, après avoir vécu à Paris et à Tanger, il s'installa à Venice Beach, Californie, dans les années 1960 et puis à San Francisco où il vécut depuis lors. Ses « Classes du vendredi soir » furent le terrain fertile du mouvement Baby Beat et de la résurrection de la revue *Beatitude* en 1975. Auteur de douze volumes de poésie et d'un roman, *Beat Hotel,* fondé sur sa vie à Paris durant les années 1950, son livre de mémoires *Memoirs of a Bastard Angel* est considéré aujourd'hui comme un classique littéraire culte.

DON'T ASK ME WHY

watching	sparrows dogs flowers
thinking	old loves destroyed
	old needs betrayed
	still working in the nerves
passing	sad choked crooked lives
	in nervous robot postures
	stiff mechanical indifferent
lamenting	wooden egos
	puppets jigging
	invisible wires
dropping	this rotten lump
	of flesh on grass
escaping	in flicks
	in comics
	TV sick
gaping	at news of accidents
	murders wars & deadly games
plunging	headlong thru euphoric mists
	of otherworldly joys
	in OM & come
	in drug & drag
dancing	with bells and saris
	miniskirts & flowered pants
waking	to reality's crash

Beatitude #21, 1975

NE ME DEMANDEZ PAS POURQUOI

regarder	les moineaux les chiens les fleurs
penser	aux vieilles amours détruites
	aux vieux besoins trahis
	qui tapent encore sur les nerfs
passer	des vies tristes suffoquées courbées
	dans des postures de robot nerveux
	rigide mécanique indifférent
se lamenter	pour les egos de bois
	pour les marionnettes qui se trémoussent
	pour les fils de fer invisibles
lâcher	ce morceau de chair
	pourri sur l'herbe
s'évader	dans des vieux films
	dans des bandes dessinées
	télé macabre
se délecter	bouche bée devant les infos d'accidents
	meurtres guerres & jeux mortels

plonger	la tête la première au travers de la brume euphorique
	des joies d'un autre monde
	dans OM & dans la semence
	dans la drogue & le travestisme
danser	avec des cloches et des saris
	minijupes & pantalons à fleurs
se réveiller	dans le fracas de la réalité

Group at Proposition 15 Rally, Union Square Park, San Francisco, 1976
Diane di Prima (back to - en arrière),
David Meltzer, Lawrence Ferlinghetti

Diane di Prima

Proposition 15 Reading - Diane Di Prima
P. Hosler '76

Diane di Prima - the "Earth Mother" of the Beat and Baby Beat scenes in San Francisco, she lived just north of San Francisco in Point Reyes along the coast in a rural community during the 1970s—coming into town often to lend her support and voice to events staged as benefits or political actions by the *Beatitude* group. As one of the few women to have been given recognition as part of the elite Beat Generation group including Kerouac, Corso, Ginsberg and Burroughs in New York in the early days, she, like many of the others, made her way to the San Francisco Bay Area in 1968 where she still resides today. Affiliated for a while during the 70s with the San Francisco Zen Center, she went on to help found (with Robert Duncan and David Meltzer) the Masters program in Poetics at New College of California in San Francisco. Her books *Revolutionary Letters* and *Loba*, which bookend the decade of the 1970s, are considered touchstones and classics in modern American literature and feminist poetry.

Diane di Prima - la "Mère de la Terre" des scènes Beat et Baby Beats à San Francisco, elle vécut dans le nord de San Francisco à Point Reyes le long de la côte dans une communauté rurale durant les années 1970 - venant souvent en ville pour apporter son support et sa voix à des événements organisés pour des actions politiques et de bienfaisances par le groupe *Beatitude*. Une des seules femmes à avoir été reconnue par l'élite du groupe de la Beat Generation du début, à New York, incluant Jack Kerouac, Corso, Ginsberg et Burroughs, elle se rendit, comme beaucoup d'autres, en 1968, à la Bay Area de San Francisco où elle réside encore aujourd'hui. Associée pendant quelque temps dans les années 70 au Centre Zen de SF, elle se mit ensuite à aider à créer (avec Robert Duncan et David Meltzer) le *Masters program in Poetics* au New College de Californie à San Francisco. Ses livres *Revolutionary Letters* et *Loba*, piliers de la décennie 1970, sont considérés comme des références et des classiques de la littérature américaine moderne et de la poésie féministe.

TUNDRA

« Old Quarry Road
has not been used
for thirteen yrs
yet revegetation is
very slow / due to
the delicacy of the
eco system"

I.

as in reopened
chakras, time
time & patience, wind
a gentle cloud cover
light frost / more than
any blast of sun

terrific patience
a tuning
too fine for the ear
only the fingertips, in darkness
before dawn
                make these distinctions

the lichen are rugged on every rock
orange, green, black   & the rocks
rugged too / "strong
barren landscape"
                        but tender
it quivers
at every footfall

on the way there are places
where magpies
eat out of your hand. kids laughing.
trailers.   familiar
haunts of chipmunk & vulture.
but here
when the sun does
break cover
every blade of grass
holds still

flat treeless   implacable   graceless
sweep
          of the hills

12000 feet
         in the air
a statement
         dizzying
& the mountains
         fall in towards some center
         & toward each other

II.

the rocks
offer shelter only, the wind
is full of snow,
            a ground
not kind to lovers, rocky
no place to
         more than pause

& the air too thin for dreaming.

purple stars, white bells in the mosses
like lights on yr skin
I am sloughing in sandals thru
melting snow, I am looking
for the right Stone to bring you / token
of this place.

I want one w/lichen all colors
thick, to show
the lushness that springs
out of this harsh
first matter.

but the rocks I want are large
they hold the ground
they stand upright :   lintel
   or wall
of some small animal's house.
I come down Quarry Road
hands full of mica chips to bring
the children.   My fingers numb
my lungs are full of snow.

III.

A buttercup is grail :   gold heart &
         pale green   the secret
it holds back

                        basin of rock
holding snow
                        is grail & wind
blowing ice in
                        striking fire
in the heart.

today is a day for pink stones,
                        the healing air
blows out of the Pisces moon
                        & the rocks are doors
trapdoors to some
                                chthonic mischief
we sense / as thunder
                                        in the loins
rocks above tundra
            then trees
                        then valley floor
stream meanders thru
                        no hurry
how often
            do we come here ?
thin air
            mixed w/ ether
            attenuated mercury
messenger
    conveyor of
                        tremulous starthought
flight
            of Hermes in nets
of quicksilver
            we taste
                                so high
we know / cannot forget
            Materia is Eros
messenger/
            we roll
                        in Hermes' arms
                            black white,   man woman
freethinker Thoth
                        w/bluebottle messenger flies

every gesture
            rolls
                        thru mercurial whispers
plays on
            yr skin so fine

```
stuff we move in
          desire  /
                              no culmination
it lights the air
          Hermanubis
                              black white
                              man woman
                              in his arms
we light the air
          granite & pumice
                    the rocks
                              drink us in
```

Beatitude#23, 1976

TOUNDRA

```
                    « La vieille Quarry Road
                    n'a pas été empruntée
                    depuis treize ans
                    pourtant la revégétation
                    est très lente  /  due à
                    la délicatesse de l'
                    écosystème »
```

I.

comme dans les chakras
rouverts, temps
temps & patience, vent
une légère couche de nuages
petite gelée / plus que
n'importe quelle déflagration de soleil

vertigineuse patience
un accord
trop subtil pour l'oreille
seuls les bouts des doigts, dans l'obscurité
avant l'aurore
                    font ces distinctions

les lichens sont résistants sur chaque rocher
oranges, verts, noirs   & les rochers
résistants aussi / « imposant
paysage inculte »
                              mais tendre
il frémit
à chaque pas

sur le chemin il y a des endroits
où les pies
mangent dans ta main. les gosses rigolent.
caravanes.   repaires
familiers des écureuils rayés & des vautours.
mais ici
lorsque le soleil
perce la couche
chaque brin d'herbe
demeure immobile

plat sans arbre   implacable   sans grâce
balayage
            des collines
4000 mètres
            dans les airs
une constatation
            prise de vertige
& les montagnes
            dévalent jusqu'au même centre
            & les unes vers les autres

II.

les rochers
n'offrent que l'abri, le vent
est plein de neige,
                    un sol
hostile aux amoureux, rocailleux
pas un endroit pour
                    davantage qu'une pause

& l'air trop léger pour rêver.

étoiles violettes, cloches blanches dans les mousses
telles des lumières sur ta peau
je m'embourbe avec mes sandales dans
la neige fondante, je cherche
la bonne Pierre à te rapporter / symbole
de cet endroit.

j'en veux une avec des lichens de toutes les couleurs
épaisse, pour montrer
l'exubérance qui jaillit
de cette rêche
matière génésique.

mais les rochers que je veux sont grands
ils soutiennent le sol
ils gisent bien droit :   linteau
      ou mur
de la maison d'un petit animal.
je descends Quarry Road, la Route de la Carrière
les mains pleines d'éclats de mica à apporter
aux enfants.   Mes doigts s'engourdissent
mes poumons sont pleins de neige.

III.

Une renoncule est graal : cœur d'or &
               vert pâle   le secret
qu'il dissimule
             bassin de rocher
soutenant la neige
           est graal & vent
soufflant de la glace dans
             le feu saillant
dans le cœur.

aujourd'hui est un jour pour les pierres roses,
             l'air curatif
surgit des Poissons-lune
             & les rochers sont des portes
des trappes pour un
                préjudice chtonique
que nous ressentons / tel le tonnerre
                      dans les reins
rochers au-dessus de la toundra
        puis les arbres
            puis le sol de la vallée
le ruisseau serpente au travers
          pas de précipitation
avec quelle régularité
       venons-nous ici ?
air léger
       mélangé à l'ether
       mercure atténué
messager
  convoyeur de
           pensée-d'étoile tremblotante

vol
       d'Hermès dans des filets
de vif-argent
       que nous goûtons

                              si haut
que nous connaissons   /   ne pouvons oublier
              que Materia est le messager
d'Éros /
              nous nous enroulons
                        dans les bras d'Hermès
                              noir blanc, homme femme
libre penseur Thoth
                        avec de grosses mouches messagères bleues

chaque geste
              s'immisce
                        dans des murmures vifs
joue si bien sur
              ta peau

les trucs que nous déplaçons
              le désir /
                        pas de point culminant
ça illumine l'air
              Hermanubis
                              noir blanc
                              homme femme
                              dans ses bras
nous illuminons l'air
              granite & ponce
                    les rochers
                        nous boivent

Nanos Valaoritis

Nanos Valaoritis - was born in Lausanne, Switzerland in 1921 of Greek parents. During his lifetime he has lived in Athens, Paris and in the United States in a sort of self-imposed exile ever since the 1967 coup in Greece. As someone who writes in four languages (Greek, French, German, English), he is considered an avante-garde writer whose chief role in world literature has been promoting French surrealism in Greece and in the U.S. During the 1970s he was a member of the faculty of San Francisco State University in San Francisco—where he taught and mentored many fledgling poets who would later come into their own during the "renaissance" in the second half of the decade. Among his 'students' were Jerry Estrin, Ken Wainio, Stephen Schwartz, Larry Sparks, Andrei Codrescu, and others. He was an important influence, as Contributing Editor, to the San Francisco magazines *San Francisco Earthquake* and *Bastard Angel*. One of Greece's most distinguished and decorated contemporary writers, he is the author of novels, plays, essays, and books of poetry, including *Hired Hieroglyphs*, and *My Afterlife Guaranteed (City Lights)*. Today, he divides his time between the U.S. (Oakland, California) and Athens, Greece—where he has been twice awarded the Greek national poetry prize.

Nanos Valaoritis - est né à Lausanne, Suisse, en 1921, de parents grecs. Sa vie durant il a vécu à Athènes, Paris et aux Etats Unis dans une sorte d'exil auto-imposé depuis le coup d'état de 1967 en Grèce. Ecrivant dans quatre langues (grec, français, allemand et anglais), il est considéré comme un écrivain d'avant-garde dont le rôle principal dans le monde de la littérature fut de promouvoir le surréalisme français en Grèce et aux Etats Unis. Durant les années 1970, il fut membre de la faculté de l'Université d'Etat de San Francisco, où il enseigna et fut le mentor de nombreux poètes novices qui, plus tard, voleraient de leurs propres ailes durant la « renaissance » de la deuxième partie de la décennie. Parmi ses étudiants il y eut Jerry Estrin, Ken Wainio, Stephen Schwartz, Larry Sparks, Andrei Codrescu et d'autres. Il eut une influence importante en tant qu'éditeur contribuant aux revues *San Francisco Earthquake* et *Bastard Angel* de San Francisco. Un des écrivains contemporains grecs les plus décorés, il est l'auteur de romans, pièces de théâtre, essais et livres de poésie, incluant *Hired Hieroglyphs*, et *My Afterlife Guaranteed (City Lights)*. Aujourd'hui, il partage sa vie entre les Etats Unis (Oakland, Californie) et Athènes, Grèce, où il a reçu par deux fois le prix de poésie national grec.

DENTAL PLAN

With Borax brightness will you bleach the air
Owl the coming night in her dishevelled hair
My cockroach days are over or are they ?
Oncoming headache clouds my forehead
Thunder rolls inside my temples
Lightning flashes down my arm
And sinks into the sea
My eyes my mouth are flooded
A torrent of shivers rumbles down my neck
The cavity in my tooth explodes
No nerve-gas can save me now
From the brightness of the master's voice
Vibrating through the high speed drill

Vanishing Cab #2, 1977

PLAN DENTAIRE

Avec l'éclatante eau de javel Borax blanchiras-tu l'air
Hibouiser la nuit venante dans ses cheveux qui s'ébouriffèrent
Mes jours de blattes sont terminés ou le sont-ils ?
Un mal de tête approchant ennuage mon front
Le tonnerre gronde à l'intérieur de mes tempes
La foudre fait des étincelles sur mon bras
Et sombre dans la mer
Mes yeux ma bouche sont inondés
Un torrent de frissons retentit dans mon cou
La cavité dans ma dent explose
Aucun gaz neurotoxique ne peut maintenant me sauver
De la limpidité de la voix du maître
Vibrant au travers de la fraise qui tourne à toute allure

Michael McClure

Proposition 15 Reading - Michael McClure
Pheodor 74

Michael McClure - was one of the original Beat Generation poets of the first San Francisco Renaissance during the 1950s. His early books *Dark Brown, Ghost Tantras* and his play *The Beard* were primary texts in the explosion of a new American poetry during the late 1950s and early 1960s as defined by anthologist Donald Allen in *The New American Poetry* (1962). His love of motorcycles and rock music led him to friendships with Jim Morrison of *The Doors* and members of the Hell's Angels. During the 1970s, he was still living in San Francisco and made himself available to many of the young *Beatitude* poets. For a time he held a literary soiree at his home which was attended by Neeli Cherkovski, Thomas Crowe and Ken Wainio. His poems appeared in the pages of *Beatitude* and he appeared on the stage of many of the readings and events in behalf of *Beatitude* and City Lights, as well as other benefits for political and environmental causes during the decade of the 70s. Author of many books of poetry, plays, essays and memoirs, he teaches ethno-botany and literature courses in schools around the San Francisco Bay Area.

Michael McClure - fut l'un des poètes originels de la Beat Generation de la première Renaissance de San Francisco dans les années 1950. Ses premiers livres *Dark Brown, Ghost Tantras* et sa pièce de théâtre *The Beard* furent des textes déterminants quant à l'explosion d'une nouvelle poésie américaine durant la fin des années 1950 et début 1960 comme les a définis l'anthologiste Donald Allen dans *The New American Poetry* (1962). Son amour de la moto et du rock le lièrent d'amitié avec Jim Morrison du groupe *The Doors* et certains membres des Hell's Angels. Durant les années 1970, il vivait encore à San Francisco et se rendit disponible pour beaucoup des jeunes poètes de *Beatitude*. Pendant quelque temps il organisa chez lui une soirée littéraire à laquelle participèrent Neeli Cherkovski, Thomas Rain Crowe et Ken Wainio. Ses poèmes ont paru dans les pages de *Beatitude* et City Lights, ainsi que lors de bienfaisances pour des causes politiques et environnementales pendant les années 1970. Auteur de nombreux livres de poésie, pièces de théâtre, essais et mémoires, il enseigne l'ethno-botanie et la littérature dans des écoles autour de la Bay Area de San Francisco.

EVERYONE

EVERYONE IS MUMMIFIED AND POSING
— swathed in glittering cloths
and smoky chemicals!
They are as stiff as death
in the social stratum.

They are caught
between mammalhood
and the stirring
of a new thought or movement.
Life terrifies them !

They pose their bodies
to prove there is nothing !
Nothing is real to them.
They pose with mechanical bodies
to show there are no streamers
that flow to the stars
and to rhododendrons
or to garnets and fog
and rainbows in the fields.

NOW THERE IS THE SUBSTITUTION
of astrology for stars
and unicorns are trundled out
to replace real pandas
and whales.
Conventional architecture
replaces nature !
Theatre and films stand-in
for life and death.

WE ARE MUMMIFIED
IN THE SOCIAL STRATUM !
We pose our bodies
into
petrifaction !

LOOK !
WE
ARE
THE SOCIAL STRATA !

WE
ARE

THE POSERS
THE MUMMIES !

BUT

WE ARE
ANGELS OF LIGHT
AND MEAT

with the style

and liberty

and freedom

OF MAMALS !

Beatitude 24, 1976

TOUT LE MONDE

TOUT LE MONDE EST MOMIFIÉ ET POSE
— emmitouflés dans des vêtements rutilants
et du chimique fumant !
Ils sont aussi raides que la mort
dans la strate sociale.

Ils sont piégés
entre la mammifération
et l'avènement
d'une nouvelle pensée ou d'un nouveau mouvement.
La vie les terrifie !

Ils posent leurs corps
pour prouver qu'il n'y a rien !
Rien n'est réel pour eux.
Ils posent avec des corps mécaniques
pour montrer qu'il n'y a pas de bannières
qui flottent vers les étoiles
et vers les rhododendrons
ou vers les grenats et le brouillard
et les arcs-en-ciel dans les champs.

MAINTENANT IL Y A LA SUBSTITUTION
des étoiles par l'astrologie

et des licornes sont traînées
pour remplacer les vrais pandas
et baleines.
L'architecture conventionnelle
remplace la nature !
Le théâtre et les films prennent le rôle
de la vie et de la mort.

NOUS SOMMES MOMIFIÉS
DANS LA STRATE SOCIALE !
Nous posons nos corps
dans la pétrificaction !

REGARDEZ !
NOUS
SOMMES
LES STRATES SOCIALES !

NOUS
SOMMES

LES POSEURS
LES MOMIES

MAIS

NOUS SOMMES
LES ANGES DE LA LUMIÈRE
ET DE LA VIANDE

avec le style

et la liberté

et la libération

DES MAMMIFÈRES !

David Meltzer

Proposition 15 Reading - David Meltzer

David Meltzer - one of the youngest members of the recognized Beat Generation of writers, he brought both levity and spiritual metaphysics to the consciousness of the younger "Babies" who had arrived on the San Francisco scene in the early 1970s. His work with the Kabbala, with 60's rock and jazz music, and the concept of poetry-as-performance left its mark on the younger writers. He edited the hallmark anthology *The San Francisco Poets* in 1971 which was an important echo to Donald Allen's transformative anthology *The New American Poetry* that had changed the way America looked at its literary heritage only a few years before. His poems and his name appeared on many, if not most, of the publications of *Beatitude* and the posters for the many benefit readings, political rallies, etc..., staged by the Baby Beats. Author of dozens of books of poetry, fiction, essays, translations, children's books and anthologies, he continues to leave his mark on the San Francisco Bay Area scene—living in Richmond, California and teaching for the graduate Poetics program at New College of California in San Francisco.

David Meltzer - un des plus jeunes membres des écrivains de la Beat Generation, il apporta la métaphysique de la légèreté et du spirituel à la conscience des jeunes « Babies » qui arrivèrent sur la scène de San Francisco au début des années 1970. Son travail avec le Kabbalah, avec le rock et le jazz des années 60, et le concept de la poésie comme performance laissèrent des traces sur les jeunes écrivains. Il édita l'anthologie *The San Francisco Poets* en 1971, qui fut un écho important à l'anthologie de Donald Allen *The New American Poetry* qui avait changé la façon dont l'Amérique regardait son héritage littéraire seulement quelques années auparavant. Ses poèmes et son nom parurent dans de nombreuses, si ce n'est toutes, publications de *Beatitude* et sur les affiches pour de nombreuses lectures, des rassemblements politiques... organisés par les Baby Beats. Auteur de nombreux livres de poésie, fiction, essais, traductions, livres pour enfants et anthologies, il continue de laisser sa trace sur la scène de la Bay Area de San Francisco - habitant à Richmond, Californie, et prenant part à l'enseignement du programme de poésie du New College of California à San Francisco.

FEDS VS REDS

for Jack, Julius and Ethel

1

Reds vs Feds. All that I know.

Feds get up earlier than anyone else. They all look like
somebody else. You're never sure who.

Reds never sleep. They're always alert.

A new age never comes. Books and newspapers keep being
printed. It never ends. It is always forgotten the next day
or the day after.

In movies Feds were usually Pat O'Brien or Dennis O'Keefe
and Reds were Paul Muni or John Garfield.

Reds met in store-front lodges on Church Avenue in Brooklyn
and men in blue workshirts invited Negro singers and writers to
the meeting.

Women are always tender.

Men free only the dead.

Like she says, All poets are Reds.

All that I know. It's all forgotten. A new age never comes.

2

It gets out of hand in the hands of art. Goes somewhere
else beyond those needing it.

Idea against idea, poster upon poster, Reds vs Feds,
brother finking on sister, strike-breakers calling you Mister,
rigged trials, a fixed press, TV laserium scouring what's left
of bombed brain.

We meet beneath the streets in a sewer vault like Valjean
with a plan : somebody will place it at the feet of God, start
the countdown and run like hell.

3

There along Cecil's Safed postcard street, another faceless
man ariseth off holy dirt to brace brick walls dividing roof from
roof from sky. Return to shimmering aspects of Jerusalem I
pull the knife from your kidney.

Why am I always on the lam, running away from cops, dragging ?
a heavy man dying in my hands. Machinegun bullets gossip head-
lines against the torn ear. Taxis scream me off the street.
Into the ditch at last. Down and out. Who pulled out the stars ?

What do bullets say against bone and skin. O delicate
available death of any man on the run. Or the stunned one who
stands and watches it all. As it's always been. Watch death

spread over everything like a sermon or a brushstroke. Only
the artist thinks he gets away.

Each bullet a crown of light whose god-less message arrives
against another's time of body rhythms, bloody clots, codes and
smashed umwelt door-bolts.

Bashed to hymnal by trucks and cars. Poke a Lucky's tip
into match light, our skin shells not so tough. I aint so tough,
sneers Cagney in Warner Brothers rainfall. Goes down to his knees
in blood up to his eyes. Black-red sperm ribbons into fake rain
water shuttling through sewergate skull smiles. Aint never
tough enough to expect pain that aint death.

4
Coda

Not to be conned or de-fused by what they
the others outside there say
about what each word means or wants from you
the poet
the back-assed slant-eyes rebbe shaman in the clover
bent over parchment cross-eyed
a stammerer.

Each letter's upright upon the white
each word a cosmic slam against all eyes
dig deeper into transmission of pure
misery, pure pain. "Pure"
because of its quick birth
in and out of mind.
Would a bullet be purer ?
Okay,
Shoot me with light.

5
De-coda

All this talk of the poem from the inside means nothing
gets out alive.

6
I am rat in antique rooms hidden in broom fingers
peer out at vast untouched barrels of grain, master freezers
stacked with steaks, crab claws from South Africa, bins of potatoes,
larders, coffers, hoards for my teeth, my endless intestine.
I am rat at the front.

Beatitude #25, 1976

LES FÉDÉRAUX CONTRE LES ROUGES

pour Jack, Julius et Ethel

1

Les Rouges contre les Fédéraux. Tout ce que je sais.

Les Fédéraux se lèvent plus tôt que n'importe qui d'autre. Ils ressemblent tous à quelqu'un d'autre. Vous n'êtes jamais sûr à qui.

Les Rouges ne dorment jamais. Ils sont toujours alertes.

Il n'y a pas de nouvelle ère possible. Livres et journaux continuent d'être imprimés. Ça n'en finit pas. C'est toujours oublié le jour suivant ou le surlendemain.

Dans les films les Fédéraux étaient en général Pat O'brien ou Dennis O'Keefe et les Rouges étaient Paul Muni ou John Garfield.

Les Rouges se réunissaient dans les loges de magasins sur Church Avenue à Brooklyn et les hommes en bleu de travail invitaient des chanteurs et des écrivains noirs aux réunions.

Les femmes sont toujours tendres.

Les hommes libèrent seulement les morts.

Comme elle disait, Tous les poètes sont Rouges.

Tout ce que je sais. Tout est oublié. Il n'y a pas de nouvelle ère possible.

2

Ça échappe aux mains de l'art. S'en va quelque part au-delà de ceux qui en ont besoin.

Idée contre idée, affiche par-dessus affiche, Rouges contre Fédéraux, un frère qui balance sa sœur, briseurs de grèves qui vous appellent Monsieur, procès truqués, une presse orientée et corrompue, télé laser récurant ce qui reste du cerveau bombardé.

Nous nous réunissons sous les rues dans un égout voûté tel Valjean avec un plan : quelqu'un le placera aux pieds de Dieu, lancera le compte à rebours et courra comme un fou.

3

Là le long de la rue carte postale Cecil's Safed, un autre homme anonyme sourdait de la saleté sainte pour fortifier les murs de brique qui séparent un toit d'un autre toit et du ciel. Retournant aux aspects scintillants de Jérusalem je retire le couteau de ton rein.

Pourquoi suis-je toujours en cavale, fuyant les flics, traînant un homme lourd mourant dans mes mains. Les balles des mitrailleuses médisent en première ligne contre l'oreille déchirée. Les taxis me hurlent de dégager de la rue. Dans le fossé enfin. Plus bas que terre. Qui a décroché les étoiles ?

Que disent les balles au contact des os et de la peau. Ô délicate et disponible mort de n'importe quel homme en fuite. Ou l'atterré qui se plante là et regarde tout ça. Comme ça a toujours été. Regarde la mort se propager sur toute chose comme un sermon ou un coup de brosse. Seul l'artiste pense qu'il s'en tire.

Chaque balle est une couronne de lumière dont le message impie entre en contact avec le temps des rythmes du corps d'un autre, caillots de sang, des codes et des verrous de porte défoncés.

Tabassé à en devenir un livre d'hymnes par les camions et les voitures. Fourre une Lucky dans la flamme d'une allumette, nos peaux de coquille ne sont pas si robustes. Je ne suis pas si costaud, ironise Cagney sous les chutes d'eau de Warner Brothers. S'agenouille ensanglanté jusqu'aux yeux. Des rubans de sperme noir et rouge deviennent de l'eau de pluie fictive qui va et vient au travers des sourires du crâne de la bouche d'égout. Pas assez costaud pour s'attendre à ce que la douleur ne soit pas la mort.

4

Coda

Pour ne pas se faire arnaquer ou dés-amorcé par ce qu'ils
les autres là dehors disent
sur ce que chaque mot signifie ou veut de toi
le poète
le rabbi chaman maladroit aux yeux bridés dans le trèfle
penché sur un parchemin les yeux qui louchent
un bègue.

Chaque lettre est droite sur le blanc
chaque mot un claquement cosmique contre tous les yeux
creuse plus profondément dans la transmission de la misère
pure, de la douleur pure. « Pure »
en raison de sa prompte naissance
dans et hors de l'esprit.
Une balle serait-elle plus pure ?
D'accord,
Abattez-moi avec la lumière.

5

De-Coda

Tout ce discours intérieur du poème signifie que rien
ne sort vivant.

6

Je suis un rat dans des pièces antiques caché dans les doigts d'un balai
scrute de larges barils de grain intouchés, des congélateurs énormes
bourrés de steacks, des pinces de crabes d'Afrique du Sud, des cageots de patates,
des gardes-manger, des coffres, provisions pour mes dents, mon interminable intestin.
Je suis un rat au front.

Baby Beats

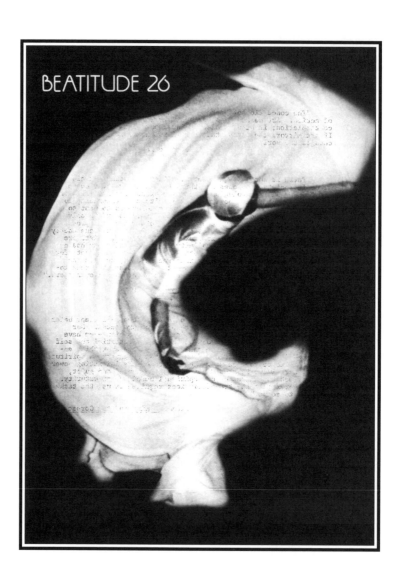

BEATITUDE 26

Thomas Rain Crowe

Thomas Rain Crowe (aka Dawson) - was born in Chicago in 1949 and raised in the Southeastern U.S. After graduating from college, and due to his love for Baudelaire *(Fleurs du Mal)*, Voltaire *(Candide)*, Edmond Rostand *(Cyrano de Bergerac)*, and Rimbaud *(Illuminations)*, he left the U.S. and lived in France as a French-speaking and writing ex-patriot before returning to the U.S. and intentionally making his way to San Francisco, which was the mecca of many of the Beat Generation literary heros of his youth—where he quickly befriended the poets Jack Micheline, Jack Hirschman and Lawrence Ferlinghetti before helping to initiate and ignite the spark for what would become the 2nd San Francisco Renaissance. As the work-horse for *Beatitude* magazine (solo-editing issue # 25 of *Beatitude* in 1976), Beatitude Press and readings, rallies, benefits and political actions staged in conjunction with the magazine, he was, also, along with Neeli Cherkovski and Lawrence Ferlinghetti, founder and co-director of the *San Francisco International Poetry Festival* in 1976. Living mainly in North Beach and Chinatown from 1974-1978, he wrote his first collection of poems *The Personified Street* and translated his first book from the French by poet Hughes-Alain Dal *(Why I Am A Monster)*. His first poems and translations were published in San Francisco publications *Beatitude, LoveLights, and Vanishing Cab*, as well as literary journals abroad—in Canada and England *(Iron)*. At the end of the 70s, he moved to the Sierra foothills of California near the town of Nevada City, where he lived for a year on an 80-acre farm as part of the North San Juan Ridge community made famous by long-time resident Beat poet Gary Snyder—before moving back to the South to help start the bioregional magazine *Katuah Journal* and a small literary press (New Native Press). Since the San Francisco/Baby Beat years, as a poet, translator and editor he is the author of eleven books. As a translator, he has translated the work of French poets Yvan Goll *(Dix Mille Aubes/10,000 Dawns*, White Pine Press, 2004), Guillevic, Hughes-Alain Dal *(Pourquoi Je Suis Un Monstre*, NNP, 1995) and Marc Ichall. From 1995-2001, he was Editor-at-large for the *Asheville Poetry Review*. In 1995, he founded the seven-member poetry & music band *The Boatrockers* with which he travels and performs. The band's first CD *The Perfect Work* was released in 1999 and endorsed by 60s rock & roll legend Pete Townshend of *The Who*. His poetry, essays and articles have appeared in magazines, journals and anthologies in the U.S. and around the world—and have been translated for such publications in France as *Triages* (Tarabuste Editions), *Stalker* (Editions du Caillou), and *Littérature en Marche*. He currently lives in the mountains of western North Carolina in Jackson County near the little town of Sylva—where he has resided for the last twenty years.

Thomas Rain Crowe (alias Dawson) - est né à Chicago en 1949 et va grandir dans le sud-est des Etats Unis. Après l'obtention de son diplôme d'université, et à cause de son amour pour Baudelaire *(Les Fleurs du Mal)*, Voltaire *(Candide)*, Edmond Rostand *(Cyrano de Bergerac)*, et Rimbaud *(Illuminations)*, il quitta les Etats-Unis et vécut en France en tant qu'expatrié parlant et écrivant le français avant de retourner aux USA et de se rendre intentionnellement à San Francisco, qui était le lieu de prédilection d'un grand nombre des héros littéraires de la Beat Generation de son enfance - où il se lia rapidement d'amitié avec les poètes Jack Micheline, Jack Hirschman et Lawrence Ferlinghetti avant d'aider à initier et à produire l'étincelle de ce qui deviendrait la Seconde Renaissance de San Francisco. « Cheval de trait » de la revue *Beatitude* (il édita le numéro 25 en 1976), de Beatitude Press et des lectures, bienfaisances, actions politiques et rassemblements organisés en relation avec la revue, il fut aussi, aux côtés de Neeli Cherkovski et de Lawrence Ferlinghetti, fondateur et co-directeur du Festival de Poésie International de San Francisco en 1976. Vivant principalement à North Beach et Chinatown de 1974 à 1978, il écrivit son premier recueil de poésie *The Personified Street* et traduisit son premier livre, celui du poète français Hughes-Alain Dal (*Pourquoi je suis un monstre*). Ses premiers poèmes et traductions furent publiés dans les revues de San Francisco *Beatitude*, *LoveLights* et *Vanishing Cab*, ainsi que dans des revues au Canada et en Angleterre (*Iron*). A la fin des années 70, il s'installa dans les montagnes de Californie près de la ville de Nevada City, où il vécut pendant un an dans une ferme de 40 hectares faisant partie de la communauté North San Juan Ridge rendue fameuse par le poète Beat et résident de longue date Gary Snyder - avant de retourner dans le sud pour aider à créer la revue biorégionale *Katuah Journal* et une petite maison d'édition de littérature (New Native Press). Depuis les années San Francisco/Baby Beats, en tant que poète, traducteur et éditeur, il est l'auteur de onze livres. Il a traduit l'œuvre des poètes français Yvan Goll (*Dix Mille Aubes/10,000 Dawns*, White Pine Press, 2004), Guillevic, Hughes-Alain Dal (*Pourquoi Je Suis Un Monstre*, NNP, 1995) et Marc Ichall. De 1995 à 2001, il fut l'éditeur de la revue de poésie *Asheville Poetry Review*. En 1995, il fonda le groupe de poésie et de musique *The Boatrockers* composé de sept membres, groupe avec lequel il voyage et monte sur scène. Le premier CD du groupe, *The Perfect Work*, est sorti en 1999 et fut préfacé par la légende du rock & roll des années 60 Peter Townshend du groupe *The Who*. Sa poésie, ses essais et articles ont paru dans des revues, journaux et anthologies aux Etats Unis et autour du monde - et ont été traduits pour des revues françaises telles que *Triages* (Tarabuste Editions), *Stalker* (Editions du Caillou), et *Littérature en Marche*. Il vit actuellement dans les montagnes de l'ouest de la Caroline du Nord à Jackson County près de la petite ville de Sylva où il réside depuis vingt ans.

THE TEST

In her mind she has tested God.
I could see it in her eyes,
like rusted rings around the moon —
If art were for hire
we'd all be dressed in business suits
and carry a deadly weapon on each hip.
I wouldn't call this a conspiracy,
just something weird that's happening
in all our beds on boring nights.

She knows three things that excite her.
I wipe the love from typewriter keys.

Franz Liszt.
Sex in back seats of Chevrolets.
The sea.

The Personified Street, 1977

LE TEST

Dans son esprit elle a testé Dieu.
Je pouvais le voir dans ses yeux,
comme des anneaux rouillés autour de la lune —
Si l'art se faisait pour l'argent
nous serions tous habillés en costumes d'affaires
et porterions une arme mortelle sur chaque hanche.
Je n'appellerais pas ça un complot,
juste quelque chose de bizarre qui a lieu
dans tous nos lits lors d'ennuyeuses nuits.

Elle connaît trois choses qui l'excitent.
J'essuie l'amour des touches de la machine à écrire.

Franz Liszt.
Sexe sur la banquette arrière des Chevrolets.
La mer.

THE TRUTH

"I cannot love a friend whose love is words."
                                        Sophocles

The beginning was bliss.
Nothing came between us.
Not even time. Not even space.
We kept the same hours.
 We ate the same foods....

IT MUST HAVE BEEN THE TRUTH

Other things began to catch her eye.
She found excuses for her beauty.
Compensation for her age.
She hid in books and silence.
And in the bodies of her children.

Her love each night
was brought to me in blocks of dry ice.
Soon we lived alone in the same rooms.
Soon we lived alone.
We met at theatres and cafés.
Or by mistake in the park.

Our old home seemed empty.
I passed by on the city bus.
Heavy bolts guarded her inside.
She loved me. There were other men.

She loved us all.
We had nothing.

The Personified Street, 1977

LA VÉRITÉ

« Je ne peux aimer un ami dont l'amour n'est que parole. »
                                        Sophocles

Le début était félicité.
Rien ne s'interposait entre nous.
Pas même le temps. Pas même l'espace.
Nous avions les mêmes horaires.
Nous mangions la même nourriture....

CE DUT ÊTRE LA VÉRITÉ

Ses yeux furent attirés par d'autres choses.
Elle trouva des excuses pour sa beauté.
Compensation pour son âge.
Elle se cacha dans les livres et le silence.
Et dans les corps de ses enfants.

Son amour chaque nuit
m'était apporté en blocs de glace sèche.
Bientôt nous vécûmes seuls dans les mêmes pièces.
Bientôt nous vécûmes seuls.
Nous nous rencontrions dans les théâtres et les cafés.
Ou par erreur dans le parc.

Notre vieille maison paraissait vide.
Je passais devant avec le bus de ville.
De larges verrous la barricadaient à l'intérieur.
Elle m'aimait. Il y avait d'autres hommes.

Elle nous aimait tous.
Nous n'avions rien.

Thomas Rain Crowe & Neeli Cherkovski
Proposition 15 Rally
Union Square Park, San Francisco, 1976

THE SCRUBBER

Knees
and elbows raw
I have rubbed with the rich

I am affected

Infected
with the germ
that seeks to bring life
out of death

      GREAT ART

out of the melting pots
of mediocrity.

And the bourgeois in the large houses weep!

The Personified Street, 1977

LE RÉCUREUR

Genoux
et coudes écorchés vifs
Je me suis frotté aux riches

Je suis affecté

Infecté
par le germe
qui cherche à donner vie
à la mort

      BEAUX ARTS

aux melting pots
de la médiocrité.

Et les bourgeois dans les grandes maisons pleurent !

HYMN TO OTERO

"...everything looks dark now, but I saw
and kept faith."
                    from "Fidelity"
                            Blas de Otero

I carry the teeth of night
in the pocket of my winter coat.
Down roads where no one sees.
And nothing lasts.

As a boy I watched trains
and drank rain
straight from the sky.
The metal gate closes
on schools that are zoos for the mind
and the rich.
And I will think again
before I say yes to something
my body feels a lie.

We look sad in lines
at the door of the moon.
I think we'll all be
manservants
and midwives
to what it costs to be free.
The sun stands stern at the gate,
whip in hand.

My country far behind.

Nowhere to go.

The Personified Street, 1977

HYMNE À OTERO

« ... tout semble obscur maintenant, mais j'ai vu
et j'ai gardé la foi. »
                    de « Fidélité »
                            Blas de Otero

Je transporte les dents de la nuit
dans les poches de mon manteau d'hiver.

Au bout de la route où personne ne peut voir.
Et rien ne dure.

Petit je regardais les trains
et buvais la pluie
à même le ciel.
La grille métallique se ferme
sur les écoles qui sont des zoos pour l'esprit
et les riches.
Et je penserai davantage
avant de dire oui à quelque chose
que mon corps ressent comme un mensonge.

Nous avons l'air triste à la queue leu leu
devant la porte de la lune.
Je pense que nous serons tous
les domestiques
et les sages-femmes
de ce qu'il en coûte d'être libre.
Le soleil se tient sévère à la grille,
fouet à la main.

Mon pays loin derrière.

Nulle part où aller.

PETITION TO THE SUN

When there is no hope
there's no use.
There are a million old men
beating illusion with their canes.
And a million wives
in bed with an ape.

What's the point in rain
when you're already wet ?
Another fix ?

Ah, but the snow this season's dead.
Sheep herded into flats and mirror-drawers
like our ancient pets.
And Diane is a name painted
on the side of trucks
in red.

When you say there is more to making love
than to fuck,
do you mean our astrology's the same ?
But you dare not say.
There are too many spies without sex.
And a price on your head
larger than the sum of light
in those starry ageless eyes.

We are a kind of heat
that has known no warmth.
A kind of ice
that melts with our every need.
Come out sun !
My skin lies virgin to your pain !

The Personified Street, 1977

PÉTITION AU SOLEIL

Quand il n'y a pas d'espoir
rien ne sert d'essayer.
Il y a un million de vieux hommes
battant l'illusion avec leurs cannes.
Et un million d'épouses
au lit avec un grand singe.

Quel intérêt y a-t-il dans la pluie
lorsque tu es déjà mouillé ?
Une autre dose ?

Ah, mais la neige en cette saison est morte.
Moutons en pâturage dans des appartements et des tiroirs à miroir
comme nos anciens animaux domestiques.
Et Diane est un nom peint
sur le côté des camions
en rouge.

Quand tu dis qu'il y a plus à gagner à faire l'amour
qu'à baiser,
veux-tu dire que notre astrologie est la même ?
Mais tu n'oses dire.
Il y a trop d'espions sans sexe.
Et un prix sur ta tête
plus conséquent que la totalité de la lumière
dans ces yeux étoilés et sans âge.

Nous sommes une sorte de chaleur
qui n'a rien connu de chaud.
Une sorte de glace
qui fond avec chacun de nos besoins.
Sors soleil !
Ma peau repose vierge en comparaison de ta douleur !

NO SUCH THING AS PROSE

> *"Every public has the Shakespeare it deserves"*
> *André Gide*

Shave my beard old whore
and I'll sing
Even go to old stone huts and pray
to a wooden cross
stuck up in a loft
like a nest that everyone can see,
while winter birds turn red
and I wash my time alone in your
ivory skin....

There were boys that would come to her
and beg
How she tied them to their dreams
How they nursed her perfect breasts
Fed on lightning in her veins———

The silver eye of the street
has shut with sleep
So who has the wings for sale ?
And where are they storing-up myth
like wet hay in a small barn ?
To be pensive in an age of idleness
does as much good
as trying to row a tin boat up the face
of a grandfather clock
When I have been sentenced to a life
I clutch like a gun

I have signed a contract with Deutsche Gramophone
to record the sounds of pain
my body feels each time I fall in love
Outside
there are Nazis in the rain
Women with blue beards
and red rings around their store-bought eyes
Everyone's hating the sleet
and building fires
There is little truth in what is false
And no such thing as prose

Beatitude #25, 1976

RIEN DE TELLE QUE LA PROSE

Rase moi la barbe vieille catin
et je chanterai
Irai même dans de vieilles huttes en pierre et prierai
devant une croix en bois
coincé dans un grenier
comme un nid que tout le monde peut voir,
pendant que les oiseaux d'hiver tournent au rouge
et que je lave mon temps seul dans ta
peau d'ivoire....

Il y avait des garçons qui venaient à elle
et mendiaient
Comme elle les enchaînait à leurs rêves
Comme ils allaitaient à ses seins parfaits
Nourris par la foudre de ses veines——

L'œil d'argent de la rue
s'est fermé avec le sommeil
Alors qui a les ailes à vendre ?
Et où entreposent-ils les Mythes
tel le foin mouillé dans une petite grange ?
Être pensif en une ère d'oisiveté
fait autant de bien
que d'essayer de ramer dans un bateau en étain sur la face
d'une horloge grand-père
Lorsque j'ai été condamné à une vie
que j'ai empoignée comme un pistolet

J'ai signé un contrat avec Deutsche Gramophone
pour enregistrer les sons de la douleur
que mon corps ressent à chaque fois que je tombe amoureux
Dehors
il y des Nazis sous la pluie
Des femmes avec des barbes bleues
et des anneaux rouges autour de leurs yeux achetés dans des magasins
Tous haïssent la neige fondue
et font des feux
Il y a peu de vérité dans ce qui est faux
Et rien de telle que la prose

I WASH YOUR DISHES AMERICA
JE FAIS TA VAISSELLE AMÉRIQUE

America,
Amérique,
I have spent my life
J'ai passé ma vie
like a servant,
comme un serviteur,
scrubbing your floors
à récurer tes sols
taking out your trash…
à sortir tes poubelles…
America,
Amérique,
during time of homeless & unemployed
en cette période de sans foyer & de chômage
when rich get richer, poor stay poorer
lorsque les riches s'enrichissent, les pauvres s'appauvrissent
I wash your dishes.
Je fais ta vaisselle.

America I wash your dishes
Amérique je fais ta vaisselle
Bankers and loan sharks   I wash your dishes
Banquiers et requins de l'emprunt   je fais votre vaisselle
Gov't pimps and drug lords   I wash your dishes
Gouvernements entremetteurs et seigneurs de la drogue   je fais votre vaisselle
Judges   I wash your dishes
Juges   je fais votre vaisselle
Teachers, professors   I wash your dishes
Enseignants, profs   je fais votre vaisselle
Politicians   I lick your plates
Politiciens   je lèche vos assiettes
USPD   I scrub your pots
Police d'Etat   je brique vos casseroles
Yuppies   I shine your silver
Yuppies   je fais briller votre argenterie
Editors   I wash your dishes
Editeurs   je fais votre vaisselle
Bardomaniacs   I wash your dishes
Bardomaniaques   je fais votre vaisselle

Owners of every square inch of good land   I wash your dishes
Propriètaires de chaque parcelle de la meilleure terre   je fais votre vaisselle

Beautiful Hollywood women on the make
Belles femmes opportunistes d'Hollywood
Gossipmongers, backbiters   I wash your dishes
Commères, médisants   je fais votre vaisselle
Pious pedophile priests   I wash your dishes
Prêtres pédophiles pieux   je fais votre vaisselle
Fameseekers, cop-outs
Chercheurs de gloire, ceux qui retournent leur veste

I wash your dishes
je fais votre vaisselle

I wash your dishes
je fais votre vaisselle

I wash your dishes, America
Je fais ta vaisselle, Amérique
I scald my hands in boiling water
J'ébouillante mes mains dans l'eau en ébullition
so that you may eat in style
pour que tu puisses manger avec style
I brillo my fingers   raw to the bone
to keep you fat.
Je spongexe mes doigts   écorchés jusqu'à l'os
pour que tu restes gras.
I scrape the tasteless belches from the platters of your gluttony.
Je racle ton vomi sans goût des écuelles de ta gloutonnerie.
Your eyes are bigger than your stomach, and
I wash you dishes , America.
Tes yeux sont plus gros que ton estomac, et
Je fais ta vaisselle, Amérique.
But I'm fed up   with your garbage,
Mais j'en ai marre de tes ordures,
with your mind   that belongs in the garbage,
avec ton esprit   qui s'apparente aux ordures,
promises and lies—a different fork for every bite.
Promesses et mensonges—une fourchette différente pour chaque morceau.

I wash your dishes, America,   I shine your shoes.
Je fais ta vaisselle, Amérique,   je fais briller tes chaussures.
I wash your dishes, America,   I plow your fields.
Je fais ta vaisselle, Amérique,   je laboure tes champs.
I wash your dishes, America,   I lay your track.
Je fais ta vaisselle, Amérique,   je débroussaille tes sentiers.
I wash your dishes, America,   I pick your grapes.
Je fais ta vaisselle, Amérique,   je cueille ton raisin.
I wash your dishes, America,   I build your homes.
Je fais ta vaisselle, Amérique,   je construis tes maisons.
I wash your dishes, America,   I pump your gas.
Je fais ta vaisselle, Amérique,   je pompe ton essence.
I wash your dishes, America,   I dig your coal.
Je fais ta vaisselle, Amérique,   je creuse pour ton charbon.
I wash your dishes, America,   I fix your roof.
Je fais ta vaisselle, Amérique,   je répare ton toit.

I wash your dishes, America,
Je fais ta vaisselle, Amérique,
I wash your dishes, America,
Je fais ta vaisselle, Amérique,

I print your books.
j'imprime tes livres.
and get no thanks, no love.
et ne reçois aucun merci, aucun amour.

Unites States of America, in a united state of ignorance and greed,
I wash your dishes.
Etats Unis d'Amérique, dans un état uni d'ignorance et d'avidité,
je fais ta vaisselle.
Inside, I'm crying.
À l'intérieur, je pleure.
When are you going to wash and dry these tears ?
Quand vas-tu laver et essuyer ces larmes ?

Beatitude Press, 1975

Ken Wainio

Ken Wainio - was born in Ukiah, California, about two hours north of San Francisco in 1952. The Rimbaud of the Baby Beats cadre, he began to write at the age of fifteen—having been influenced by the writing of the French poets Lautreamont, Rimbaud and Nerval. He moved to San Francisco at the beginning of the 1970s to study at San Francisco State University with the Greek surrealist poet Nanos Valaoritis, and met the American surrealist poets Philip Lamantia and Stephen Schwartz. It was a couple years later, in an informal "poetry class" being conducted in the home of Harold Norse that he met Thomas Crowe, Neeli Cherkovski and Luke Breit—along with whom he would later help to resurrect *Beatitude* magazine, and was co-editor of issue # 26 which appeared in 1977. During the 1970s, his poems were published in most all of the important literary magazines being produced in the Bay Area : the *City Lights Review, Beatitude, LoveLights,* and *Bastard Angel.* With Jerry Estrin, he was a founding editor of the surrealist publication *Vanishing Cab.* After driving a taxicab for the entire decade of the 1980s, and after living for more than twenty-five years in San Francisco, he moved to Glenhaven, California, where he currently resides. His travels have taken him to Greece and Egypt, where he has spent considerable time in the past two decades. His poems and fiction continue to be published both here and abroad in such journals as *Nexus, Asheville Poetry Review, Litterature en Marche* and *Greges* in Montpellier, France. His books include *Crossroads of the Other,* which was written during the 1970s, *Letters to Al-Kemi, Starfuck* (a novel published in 1996) and *Automatic Antiquity* (2004).

Ken Wainio - est né à Ukiah, Californie, à environ deux heures au nord de San Francisco en 1952. Rimbaud du mouvement Baby Beat, il se mit à écrire à l'âge de quinze ans - ayant été influencé par l'écriture des poètes français Lautréamont, Rimbaud et Nerval. Il s'installa à San Francisco au début des années 1970 pour étudier à l'Université d'Etat de San Francisco avec le surréaliste grec Nanos Valaoritis, et rencontra les poètes surréalistes américains Philip Lamantia et Stephen Schwartz. Ce fut quelques années plus tard, lors d'un « cours de poésie » informel ayant lieu chez Harold Norse, qu'il rencontra Thomas Crowe, Neeli Cherkovski et Luke Breit - aux côtés de qui il aiderait plus tard à relancer la revue *Beatitude,* dont il fut co-éditeur du numéro 26 qui sortit en 1977. Durant les années 1970, ses poèmes furent publiés dans la plupart des revues littéraires importantes produites dans la Bay Area : *City Lights Review, Beatitude, LoveLights,* et *Bastard Angel.* Avec Jerry Estrin, il fut le fondateur et éditeur de la revue surréaliste *Vanishing Cab.* Après avoir conduit un *cab* (un taxi) durant l'entière décennie de 1980, et après avoir vécu plus de vingt-cinq ans à San Francisco, il déménagea à Glenhaven, Californie, où il réside actuellement. Ses voyages le menèrent en Grèce et en Egypte, où il a passé un temps considérable ces dernières deux décennies. Ses poèmes et fictions continuent d'être publiés ici et à l'étranger dans des revues telles que *Nexus, Asheville Poetry Review, Littérature en Marche,* et *Grèges* à Montpellier, France. Ses livres incluent *Crossroads of the Other,* qui fut écrit durant les années 1970, *Letters to Al-Kemi Starfuck* (un roman publié en 1996) et *Automatic Antiquity* (2004).

CAFE TRIESTE

In Cafe Trieste
I see roads running through chairs
sugar dreams over nightmare tables
last outposts of coffee
in hot deserted city

In Cafe Trieste
I see caves open in the walls
people seated in the windows
and swaying by outside
pockets stuffed with paper charms
accordion music reeling
in Italian night

In Cafe Trieste
I am cruelty of empty coffee cups
on abandoned tables......

Beatitude #21, 1975

CAFÉ TRIESTE

Au Café Trieste
je vois des routes traverser des chaises
le sucre rêve sur des tables de cauchemard
derniers avant-postes de café
dans la chaude ville désertée

Au Café Trieste
je vois des grottes ouvertes dans les murs
des gens assis aux fenêtres
et se pencher au dehors
des poches rembourrées de papiers de charme
la musique de l'accordéon chancelant
dans l'italienne nuit

Au Café Trieste
je suis la cruauté des tasses à café vides
sur les tables abandonnées......

OSIRIS

He has become Osiris. One cell at a time. Once eternally.
He strides through the gloom of dawn at the mercy of his
original toes. Little gangs of mist seethe between the grave
stones where silence has become the sound of his tread. The
Valley of Death holds no shadow and as he peers into the
contents of each coffin, there is nothing inside save the
moldy offerings of various receptacles. The worms give off
a multi-colored life glow, changing from endless shades of
blue and metallic gray to pink, yellow, and turquoise
luminosity. Yet their mystery has cast no spell over his
vision which is colorless, white in the black night, a pin-
point of light glancing off his coffin floating down the Nile.

Osiris moves off into the distance and watches life and
death flash over the twilight lake of his senses. He counts
each pair as their wings bathe the water with fluttering
moonlight and then compares them to the number of stars
frying into the darkening skillet of the night. From the
universe in the empty socket of his skull, a beak protrudes.
It is made up of matter and space is the master of its wings.
He listens to it scrape against the lid of his coffin. The
lid opens slowly and it is Isis adoring his remains. He
discovers he is safe in the sudden bliss of her womb. His
pain has been calmed and his despair has been soothed. The
two of them walk hand in hand. He has become Osiris. Do
you believe he has become Osiris ? Now you can hear yourself
talk.

Vanishing Cab #2, 1977

OSIRIS

Il est devenu Osiris. Une cellule à la fois. Pour l'éternité.
Il marche à grandes enjambées au travers de la pénombre
de l'aurore à la merci de ses orteils originels. Des petits
gangs de brume grouillent entre les tombeaux
de pierre où le silence est devenu le son de sa foulée. La
Vallée de la Mort n'a pas d'ombre et alors qu'il scrute le
contenu de chaque cercueil, il n'y a rien à l'intérieur à part
les offrandes moisies de divers réceptacles. Les vers de terre dégagent
une vie d'embrasement multicolorée, passant par d'interminables
nuances de bleu et gris métallique à une luminosité rose,
jaune et turquoise. Cependant leur mystère n'a jeté aucun
sort à sa vision qui est incolore, blanche dans la nuit,
un minuscule point de lumière se reflétant sur son
cercueil flottant sur le Nil.

Osiris s'éloigne et regarde la vie et la mort étinceler sur le
lac crépusculaire de ses sens. Il compte chaque paire alors que
leurs ailes mouillent l'eau d'un clair de lune ondoyant et puis
les compare au nombre d'étoiles en train de frire dans l'obscurcissante
poêle de la nuit. De l'univers de la cavité vide de son crâne,
un bec jaillit. Il est fait de matière et l'espace est le maître
de ses ailes. Il l'écoute racler le couvercle de son cercueil. Le
couvercle s'ouvre doucement et c'est Isis adorant ses restes.
Il découvre qu'il est sauf dans la soudaine félicité de son utérus.
Sa douleur s'est calmée et son désespoir s'est apaisé. Tous deux
marchent main dans la main. Il est devenu Osiris. Crois-tu qu'il
soit devenu Osiris ? Maintenant tu peux t'entendre parler.

In the Vesuvio's Bar, North Beach, San Francisco
Left to right - de gauche à droite, Ken Wainio, Jack Hirschman, (reading - lisant), Thomas Crowe

MYTH

I am a more perfect drug
than has ever been invented

The babies in my celestial skull
Scream for it

but do not understand why
I am really what they want

My words rattle in their baby rattles
and yet they do not understand

a thing I say. Bushes of laughter
well up in my criminal throat

and in my mythical gardens bloom curious
strains that cannot be deciphered

Lawmakers are frantic to break the code
but they only make the babies scream louder

Thus I ignite cockroach armies in their minds
and rock the crib of battlefields

in a small space between my fingers
A sign sometimes taken to mean very little

and sometimes to provide living quarters
for innumerable worlds

Crossroads of the Other (Androgyne Books, SF)

MYTHE

Je suis la plus parfaite des drogues
qui n'ait jamais été inventée

Les bébés dans mon crâne céleste
Piaillent pour elle

mais ne comprennent pas pourquoi
je suis vraiment ce qu'ils veulent

Mes mots s'entrechoquent dans les hochets des bébés
et pourtant ils ne comprennent pas

ce que je dis. Des broussailles de rire
bien aigu dans ma gorge criminelle

et dans mes jardins mythiques germent de curieuses
tensions qui ne peuvent être déchiffrées.

Les législateurs sont pressés de trouver le code
mais ils ne font que faire piailler les bébés plus fort

Ainsi je mets le feu à des armées de blattes dans leurs esprits
et balance le berceau des champs de bataille

dans un petit espace entre mes doigts
Un signe parfois interprété comme insignifiant

et qui parfois fournit des lieux vivables
à d'innombrables mondes

GETTING RID OF THE EGO

It's like getting married in the rain. A coach will
pull up at the edge of the dam when the flood starts and
the bride throws her flowers at the drowned. If you don't
believe this, go to a monastery for ten years and study the
light through a keyhole. Without moving your eye from
the door cut out a piece of sky and wait for somebody to
come with a key.

The flood is well up by this time. The dead are
getting married in rowboats and copulating on pieces of
wreckage. If you still don't believe it, take out your
keyhole and study the drowned. They are discussing the
possibilities of islands and shaping tombstones into
anchors. Their children hold their breath underwater and
pray to the God of Rain. He is holding himself in a cloud
making everybody worship the flood. He is quite fond of
suffering and has never understood sociology. But the
dead come with their pogo sticks and stare up at the seat
of his pants.

If you still don't get this, go sit down in the nearest
bar and study the runway of faces. If anyone comes up to
you and demands your marriage certificate, take out your
keyhole and blast them with a peak of stars. If they are
still sitting there waiting for you to kill your ego, tell them
the world is flat and has an edge like the table. Drop
something transparent over the side and tell them it was
the argument of Columbus on his way to the new world.

Crossroads of the Other (Androgyne Books, SF)

SE DÉBARRASSER DE L'EGO

C'est comme se marier sous la pluie. Un carosse
s'arrêtera au bord de la digue alors que la crue commence et
que la fiancée jette ses fleurs aux noyés. Si vous ne
croyez pas ça, allez dans un monastère pendant dix ans et étudiez la
lumière à travers un trou de serrure. Sans bouger votre œil de
la porte découpez un morceau de ciel et attendez que quelqu'un
vienne avec une clé.

La crue est à flot maintenant. Les morts se
marient dans des barques et copulent sur des morceaux
d'épaves. Si vous ne croyez toujours pas ça, ôtez votre
trou de serrure et étudiez les noyés. Ils discutent les

possibilités des îles et façonnent des pierres tombales en
ancres. Leurs enfants retiennent leur respiration sous l'eau et
prient le Dieu de la Pluie. Il se tient à un nuage
en faisant aduler la crue à tout le monde. Il aime bien la
souffrance et n'a jamais compris la sociologie. Mais les
morts viennent avec leurs pogo sticks[1] et dévisagent le derrière de
son pantalon.

Si vous ne comprenez toujours pas ça, allez vous asseoir dans le bar
le plus proche et étudiez la surface des visages. Si quelqu'un vient vers
vous et demande votre certificat de mariage, ôtez votre
trou de serrure et pulvérisez-les à coup de pic d'étoiles. S'ils sont
toujours assis là à attendre que vous tuiez votre ego, dites-leur
que le monde est plat et a un bord comme la table. Laissez tomber
quelque chose de transparent sur le côté et dites-leur que c'était
l'argument de Colomb sur le chemin du nouveau monde.

[1] NDT: Jouet d'enfant constitué d'une échasse montée sur un ressort, pour faire des bonds.

ANARCHY

Should the walls crack open to reveal a battle scar of flowers in a yellow field, then the hour has come to bury the dead. I am not speaking of summer aftermath or that green return of seasoned anarchy. Nor does winter show its buried hand. "But when does one write the poem ?" ask the corners in rooms at the meeting halls of spiders. "Does the dust of illumination materialize in the wake of revolving doors ?" "Are the sequential spasms of time abolished ?" The sea has a plug that drains the cradle and the fish are drunk in the saloons of shipwrecks. The wind combs back its foggy hair and reveals a woman on the edge of the sea where pillars rise, banners flap, and hushed wings fall on the diamond sand.

Beatitude #25, 1976

ANARCHIE

Si les murs se fendent pour révéler une cicatrice de guerre formée de fleurs dans un champ jaune, alors l'heure est venue d'enterrer les morts. Je ne parle pas des séquelles de l'été ou du retour vert de l'anarchie expérimentée. Pas plus l'hiver ne montre sa main enterrée. « Mais quand écrit-on le poème ? » demandent les coins hébergés dans les salles de réunion des araignées. « La poussière de l'illumination se matérialise-t-elle dans le réveil des portes à tambour ? » « Les spasmes séquentiels du temps sont-ils abolis ? » La mer a un bouchon qui draine le berceau et les poissons sont saouls dans les salons des naufrages. Le vent peigne ses cheveux de brouillard et révèle une femme sur le bord de la mer où les piliers se dressent, les bannières claquent, et des ailes silencieuses tombent sur le sable de diamant.

BOURGEOISIE

Build a motorcycle and drive it full speed through town with your girlfriend on the back. When you get out into the country stop at the first auto accident you see. Get off your bike and throw a lit cigarette in the gas tank. When the blaze subsides have your girlfriend help you scatter the pieces.

The second thing to do is learn how to speak. Get your girlfriend and yourself a couple of walkie-talkies. Send her to the mountains with an empty canteen and go yourself to the desert to look for water. Hitchhike back into town when you begin to die of thirst. Forget about your girlfriend. Throw the walkie-talkies away and forget any of it ever happened.

Now go to the drugstore. The thing you want to do here is learn how to listen. Stick a gun into the ribs of the person behind the counter and demand that he or she sing your favorite song. If they have forgotten the words make them take all the drugs in sight. Then push them out in the streets when they are good and stoned.

Now you are ready to write. When you know the crowd has gathered around the exploded motorcycle go retrieve your walkie-talkie, call your girlfriend in the mountains, and have her meet you at the accident with the glass of water you couldn't find in the desert. Have her throw it on the fire. This will delight the crowd. They will all get out of their cars. Face each other in two lines of disproportionate length, about four hundred years apart, and begin to dance. The auto accident victims will run down the space between them. This dance is called THE RUNNING OF THE GAUNTLET. All peoples, primitive and modern practice it. The two lines of dancers are called UPPER and LOWER class. The long space in the middle down which the auto accident victims run is called the BOURGEOISIE.

The dancers in one of the classes, it's hard to say which, begin to hurl sharp objects, with incredible religious rapidity, at the most vulnerable parts of the dancers in the class opposite them. This disconcerts some of the dancers on both sides of THE GAUNTLET, causing them to split from the main body of the dance and gather into tribes. Soon they learn their own dance and only recall the old one when they drive into town for supplies.

Meanwhile the ancestral dance goes on. The auto accident victims continue to run THE GAUNTLET of the BOURGEOISIE. This is why the dance is sometimes called a GHOST DANCE. THE GAUNTLET is run only by THE SPIRITS OF THE DEAD, once belonging to the dancers of both classes whose bodies are now called THE LIVING DEAD.

Soon the fire will be out and the dancers will drive back into town to watch themselves on the news. Have your girlfriend help you bury the wreckage. Then build another motorcycle and drive far away. It will not pay for you to stick around, now that you understand how things are.

Crossroads of the Other (Androgyne Books, SF)

BOURGEOISIE

Fabrique une moto et fonce d'un bout à l'autre de la ville avec ta petite amie derrière toi. Lorsque tu arrives à la campagne arrête-toi au premier accident de voiture que tu vois. Descends de ta moto et lance une cigarette allumée dans le réservoir. Lorsque la flamme s'atténue fais-toi aider par ta petite amie pour éparpiller les morceaux.

La seconde chose à faire est apprendre à parler. Procure une paire de talkies-walkies pour ta petite amie et toi. Envoie-la dans les montagnes avec une cantine vide et va toi-même dans le désert pour chercher de l'eau. Fais de l'auto-stop pour retourner en ville lorsque tu commences à mourir de soif. Oublie ta petite amie. Jette les talkies-walkies et oublie tout ce qui s'est passé.

Maintenant va à la pharmacie. La chose que tu veux faire ici est apprendre à écouter. Colle un flingue sur les côtes de la personne derrière le comptoir et demande qu'il ou elle chante ta chanson préférée. S'ils ont oublié les paroles fais-leur prendre tous les médicaments en vue. Puis pousse-les dans la rue lorsqu'ils sont faits et défoncés.

Maintenant tu es prêt à écrire. Lorsque tu sais que la foule s'est rassemblée autour de la moto explosée va récupérer tes talkies-walkies, appelle ta petite amie dans les montagnes, et fais-la te rencontrer sur les lieux de l'accident avec le verre d'eau que tu ne pouvais trouver dans le désert. Fais-le lui jeter sur le feu. Cela réjouira la foule. Ils descendront tous de leurs voitures. Se feront face sur deux lignes d'une longueur disproportionnée, environ quatre cents ans de différence, et commenceront à danser. Les victimes de l'accident de voiture courront dans l'espace qu'il y a entre eux. Cette danse s'appelle SUBIR L'ASSAUT DU GANTELET. Tous les gens, primitifs et modernes, la pratiquent. Les deux lignes de danseurs s'appellent classe SUPÉRIEURE et INFÉRIEURE. Le grand espace du milieu dans lequel les victimes de l'accident de voiture courent s'appelle la BOURGEOISIE.

Les danseurs dans une des classes, il est difficile de dire laquelle, commencent à balancer des objets pointus, avec une rapidité religieuse incroyable, à la partie la plus vulnérable des danseurs de la classe qui leur fait front. Cela déconcerte certains danseurs des deux côtés DU GANTELET, ce qui les fait se séparer du corps principal de la danse et se rassembler en tribus. Bientôt ils apprennent leur propre danse et ne se remémorent l'ancienne que lorsqu'ils conduisent jusqu'en ville pour les provisions.

Pendant ce temps la danse ancestrale se poursuit. Les victimes de l'accident de voiture continuent de subir l'assaut DU GANTELET de la BOURGOISIE. C'est pour cela que la danse est parfois surnommée la DANSE DU FANTÔME. L'assaut DU GANTELET est subi uniquement par LES ES-PRITS DES MORTS, qui jadis appartenaient aux danseurs des deux classes dont les corps sont mainte-nant surnommés LES MORTS VIVANTS.

Bientôt le feu s'éteindra et les danseurs conduiront pour retourner en ville et se regarder aux informations. Fais-toi aider par ta petite amie pour enterrer les restes. Puis fabrique une autre moto et roule loin. Ça ne te servira à rien de traîner par ici, maintenant que tu comprends comment sont les choses.

Neeli Cherkovski
Beatitudes Reading   ©1996 Pamela Mosher

Neeli Cherkovski

Neeli Cherkovski - was born in Santa Monica, California in 1945. Often compared to the young Allen Ginsberg, he has been a major literary figure in California, since the late 1960s when he edited the poetry journal *Laugh Literary and Man the Humping Guns* with Charles Bukowski. He earned a degree in American Studies from University of California, Los Angeles in 1967, and later spent two years in the rabbinical program of the Hebrew Union College. In 1974, he moved to San Francisco where he met Harold Norse, Lawrence Ferlinghetti and other Beat Generation poets as well as younger poets like Thomas Crowe (Dawson), Ken Wainio, Stephen Schwartz, and Luke Breit—before becoming involved in the resurrection of *Beatitude* magazine. During the 1970s, he wrote and published books of poems such as *The Waters Reborn* and *Public Notice*, as well as a biography of Lawrence Ferlinghetti and a book of photographs which he edited titled *Cafe Society : Photographs and Poems from San Francisco's North Beach*. In 1975, he was the editor of issue #22 of *Beatitude* magazine. As the Ginsberg of the Baby Beat cadre, he was the connecting rod and the genesis of many *Beatitude*-related publications and events. Having spent the last twenty-eight years in San Francisco, he is currently on the Creative Writing faculty of the New College of California, San Francisco. His work has been published in many magazines and anthologies and has been translated into Italian and German. His books since the 1970s include : *Love Proof, Clear Wind, Animal, Whitman's Wild Children*, and *Hank* (a biography of Charles Bukowski).

Neeli Cherkovski - est né à Santa Monica, Californie, en 1945. Souvent comparé à Allen Ginsberg, il est une figure majeure de la poésie en Californie depuis la fin des années 1960 lorsqu'il éditait la revue de poésie *Laugh Literary and Man the Humping Guns* avec Charles Bukowski. Il eut un diplôme d'Etude Américaine de l'Université de Californie, Los Angeles, en 1967, et plus tard suivit le programme des rabins du Hebrew Union College pendant deux ans. En 1974, il s'installa à San Francisco où il rencontra Harold Norse, Lawrence Ferlinghetti et d'autres poètes de la Beat Generation ainsi que de plus jeunes poètes tels que Thomas Crowe (Dawson), Ken Wainio, Stephen Schwartz et Luke Breit - avant de s'impliquer dans la résurrection de la revue *Beatitude*. Durant les années 1970, il écrivit et publia des recueils de poèmes tels que *The Waters Reborn* et *Public Notice*, ainsi qu'une biographie de Lawrence Ferlinghetti et un livre de photos qu'il publia sous le titre de *Cafe Society : Photographs and Poems from San Francisco's North Beach*. En 1975, il fut l'éditeur du numéro 22 de la revue *Beatitude*. « Ginsberg » du mouvement Baby Beat, il était le fil conducteur et l'initiateur d'un grand nombre des événements et publications en relation avec *Beatitude*. Ayant passé les vingt-huit dernières années à San Francisco, il est actuellement enseignant à la faculté d'Écriture Créatrice au New College of California, San Francisco. Son travail a été publié dans de nombreuses revues et anthologies et a été traduit en italien et en allemand. Ses livres depuis les années 1970 incluent : *Love Proof, Clear Wind, Animal, Whitman's Wild Children*, et *Hank* (une biographie de Charles Bukowski).

LIGHT

for marilyn monroe

light is not
darkness i am
sure marilyn
you shine from
the super best-
seller ears of
blond i shall
not sail until
i have bled the
dampness from my
craft these young
bones are old my
body speaks a
language i cannot
understand but
surely goodness
is merciful other-
wise i'd surely be
locked up my mother
wants to be a com-
plete planet marilyn
was anyone born in-
side you i do think so
and clearly i am re-
born my shadow told me
on the pink wall a
ladder materialized
o i am climbing angel
tomato monroe i shall
never sleep but i will
run and in running touch
the earth.

Public Notice (Beatitude Press, 1976)

LUMIÈRE

pour marilyn monroe

lumière n'est pas
obscurité je suis
sûr marilyn
tu brilles du
super best-
seller oreilles de

blonde je ne
naviguerai pas jusqu'à ce que
j'aie évidé
l'humidité de mon
embarcation ces jeunes
os sont vieux mon
corps parle un
langage que je ne peux
comprendre mais
sûrement la bonté
est compatissante autre-
ment je serais sûrement
enfermé ma mère
veut être une planète
complète marilyn
était n'importe qui né en
vous je crois
et vraiment je suis
réincarné mon ombre m'a dit
sur le mur rose une
échelle s'est matérialisée
oh je grimpe ange
tomate monroe je ne
dormirai jamais mais je
courrai et en courant toucherai
la terre.

POEM

one church rises which is lifted from earth
and has a control room, many levers,
can travel backward, forward,
padre, compadre,
hermano...

awakening on a bus in the mexican soil
going north

the noise of mariachis
in a city on the plain.

Beatitude #21, 1975

POÈME

une église se dresse, est soulevée de la terre
et a une salle de contrôle, de nombreux leviers,
peut voyager dans le passé, dans le futur,
padre, compadre,
hermano...

me réveillant dans un bus sur le sol mexicain
allant vers le nord

le bruit des mariachis
dans une ville sur la plaine.

HYDRA

i have gone to the monastery on a white hillside
and have entered uninvited into the brown blinding stone
where a priest said 'kali mera' as the sun poured
from the pyramid buried in my forehead

he offered a glass of wine and sat with me
and i thought his bony hands were rocks on hydra
finding definition in the reflection they make
at the waters edge, in the blinding green blue

a long time ago pirates owned the harbor
or were they revolutionaries trying to find out
who'd own the antarctic and who'd keep the sea open
and why death hung around the radiators of athens

the priest took me outside and raised his hand
over the island of hydra and he touched greece
in one great sweeping gesture he touched his land
and sent me down the hillside to my hotel room

Beatitude #26, 1977

HYDRE

je suis allé au monastère sur un flanc de colline blanc
et suis entré non invité dans la pierre aveuglante marron
où un prêtre dit 'kali mera' alors que le soleil se déversait
de la pyramide enterrée dans mon front

il m'offrit un verre de vin et s'assit avec moi
et je pensai que ses mains osseuses étaient des rochers sur hydre
trouvant sa définition dans la réflexion qu'ils font
sur les bords des eaux, dans le bleu vert aveuglant

il y a longtemps des pirates possédaient le port
ou étaient-ils des révolutionnaires essayant de savoir
qui posséderait l'antarctique et qui garderait la mer ouverte
et pourquoi la mort flânait autour des radiateurs d'athènes

le prêtre me fit sortir et leva sa main
au-dessus de l'île d'hydre et il toucha la grèce
dans un grand geste balayant il toucha sa terre
et m'envoya au bas du flanc de la colline dans ma chambre d'hôtel

OF SPACE

i mean this room is
unlicensed and i am
torn by prophecy
that remains buried
my head is not rich
earth i cannot bear
the strain of trees
greedy as they were
made one was struck
by lightning bolt
and felt nothing it
survives today pages
become trees and i
become markings on
notebooks of top-
soil sometimes dive
under hot coals
      o say can i see
      the burning of
      humanity by a
      future madman
      who never got
      laid this is
      how the world
      works and beneath
      certain branches
      men, enlightened,
      spread the word
      and the word is
      destroyed under
      great rivers
straining dying
to see light
o glory to pages
of warm highway east
or west it does not
matter it is the land
either way that sings.

Public Notice (Beatitude Press, 1976)

L'ESPACE

je veux dire cette chambre n'a
pas de licence et je suis

déchiré par la prophétie
qui demeure enterrée
ma tête n'est pas fertile
terre je ne peux supporter
la crispation des arbres
avides comme ils furent
faits l'un d'eux fut frappé
par la foudre
et ne sentit rien il
survit aujourd'hui les pages
deviennent des arbres et je
deviens des marques sur
des carnets de sol agricole
fertile parfois plonge
sous du charbon chaud
  ô dites puis-je voir
  la mise à feu de
  l'humanité par un
  futur fou
  qui n'a jamais
  baisé c'est
  comme ça que le monde
  fonctionne et au-dessous
  de certaines branches
  les hommes, illuminés,
  font circuler le mot
  et le mot est
  détruit sous
  de grandes rivières
se crispant mourant
pour voir la lumière
ô gloire aux pages
des chaudes autoroutes vers l'est
ou l'ouest ça n'a pas
d'importance c'est la terre
dans un sens ou dans l'autre qui chante.

IF THE HOTEL...

if the hotel is
mourning and i
am hiding christ-
mas eve i am a
cold turnkey i
hold power
over incredible
sums of nothing
my work is on
multitudinous
white sheets for
the ache and pain
of mind travel i
am lewis and
clark of my own
'being' trying to
remain in the true
nerve ending at
least thirty years
under shadows of
wet meadows the grass is never green
but neither are guitars or
women behind many baskets of fruit
spill and dance
on their own accord
i'll find myself
once more i believe
in even the most
miraculous empty
in even the most
ridiculous in
even the most sub-
human towns i'll
be aware of distances
in the body divine
i am president
of my own america i
am busy trying to see
crumbling documents
of my own skin it
cannot be long mister
solemnity this is
ritual for americans
expel demons out of
cobra bombers it is
no longer necessary

to disbelieve but
that does not imply
that the earth just
didn't happen and
it will unhappen and
man is here only
for a time i am able
to face this room
even christmas eve
the door is not ring-
ing to rumpled bed
sheets cheap linen
embarrassed to be
alive but here i am
in the midst of the
mad tea party like
a frightened rabbit
like a rat in the iron
of the streets.

Public Notice (Beatitude Press, 1976)

SI L'HÔTEL...

si l'hôtel est
en deuil et je
cache le réveillon
de noël je suis une
froide clé je
détiens du pouvoir
sur d'incroyables
sommes de rien
mon travail gît sur
de nombreux
draps blancs pour
la douleur et la peine
du voyage de l'esprit je
suis lewis et
clark de mon propre
'être' essayant de
rester dans le vrai
nerf terminant au
moins trente ans
sous les ombres
de prairies mouillées l'herbe n'est jamais verte
mais les guitares non plus ou
les femmes derrière de nombreuses corbeilles de fruits

se répandent et dansent
sur leur propre accord
je me trouverai moi-même
une fois de plus je crois
dans les plus
miraculeuses et vides
dans les plus
ridicules dans
les plus sur-
humaines villes je
serai conscient des distances
dans le corps divin
je suis président
de ma propre amérique je
suis occupé à essayer de voir
des documents s'effritant
de ma propre peau ça
ne peut être long monsieur
solennité c'est
rituel pour les américains
d'expulser des démons hors des
bombardiers cobra ce n'est
plus nécessaire
de ne pas croire mais
ça n'implique pas
que la terre n'a simplement
pas eu lieu et
qu'elle n'aura pas lieu et
l'homme est là seulement
pour un temps je suis capable
de faire face à cette chambre
aussi au réveillon de noël
la porte ne so-
nne pas aux draps et au linge bon marché
et froissés du lit
embarassé d'être
en vie mais ici je suis
au milieu de la
folle fête du thé comme
un lapin effrayé
comme un rat dans la ferraille
des rues.

MONTE ALBAN

i am happening
for myself
alone in this
archaic after-
noon women will
finally deceive
me though smiling
i catch the tem-
pest of fear un-
reliable i am
hung to courts
and temples and
palaces i remain
at home in that
yard gone i am
from cro-magnon
chanting to weeds

away from banal
to higher ruins
where no signs
are posted the
trembling hand
of old stone
a forest
stucco and fire

                    i am drawn
                    to the urge
                    and see
                    a landscape
                    turning softly

reading my thoughts bloody with news
                    from asia
reformers are crying
dust rises on streets
                    i believe i'll dream.

Public Notice (Beatitude Press, 1976)

MONT ALBAN

j'adviens
pour moi-même
seul en cet
archaïque après-
midi les femmes
finalement me décevront
bien que souriantes
j'attrape la tem-
pête de la peur ins-
table je suis
pendu aux tribunaux
et aux temples et aux
palaces je demeure
à la maison dans cette
cour parti je suis
de cromagnon
chantant aux mauvaises herbes

loin du banal
vers de supérieures ruines
où aucun signe
n'est indiqué la
tremblante main
d'une vieille pierre
une forêt
stuc et feu

                    je suis attiré
                    par un désir ardent
                    et vois
                    un paysage
                    tournant doucement

lisant mes pensées ensanglantées par les nouvelles
                    d'asie
les réformateurs pleurent
la poussière se lève dans les rues
                    je crois que je rêverai.

LIGHT

if there is light on my wall
it comes from the cave days
splitting the rock of my library
words spill on floor with dust and insects
bats fly from my kitchen
i must be alone
to have such thoughts as these
not getting a steady laying on of love
my hands touch themselves
touch is important
this is written in the earliest texts
touching a mountain is as important as touching a man
and seeing a bush burning in the wild
is as valid as opening a door to a warm room called home
this is my place and i am about to enter.

Beatitude #24, 1976

LUMIÈRE

s'il y a de la lumière sur mon mur
elle vient des jours de la caverne
fissurant la roche de ma bibliothèque
les mots se répandent sur le sol avec la poussière et les insectes
des chauves-souris volent depuis ma cuisine
je dois être seul
pour avoir de telles pensées
n'ayant pas d'attache stable avec l'amour
mes mains se touchent
toucher est important
ceci est écrit dans les textes les plus anciens
toucher une montagne est aussi important que toucher un homme
et voir un buisson brûler dans le désert
est aussi valide qu'ouvrir une porte sur une pièce chaude portant le nom de maison
ceci est chez moi et je suis sur le point d'entrer.

SWINGING

swinging around the corner
this is our neighborhood
do not the thorns grow and wood thicken
sinister eyes peer from real estate offices
plots are stolen from the floor of parking garages
we go home
we fry eggs
we design ourselves in air
awakening
that was me last night
so alone
so wonderful
on the avenue
that was me
alone
with the music
and kind
one hand on throttle of the plant
one hand inside.

Beatitude #24, 1976

SWINGANT

swingant au coin de la rue
ceci est notre quartier
les épines ne poussent-elles pas et le bois ne s'épaissit-il pas
de sinistres yeux épient depuis l'intérieur des agences immobilières
des plots sont dérobés du sol des parkings
nous rentrons à la maison
nous faisons frire des œufs
nous nous dessinons dans les airs
nous réveillant
c'était moi hier soir
si seul
si merveilleux
sur l'avenue
c'était moi
seul
avec la musique
et gentil
une main sur l'accélérateur de la plante
une main à l'intérieur.

David Moe

Proposition 15 Reading - David Moe
R Mosher '76

David Moe - is a native of San Francisco and has been a permanent fixture in that city's underground literary/arts scene for over thirty years. For many years he derived his livelihood as publisher/editor of the controversial tabloid poetry publication *LoveLights* and *Deserted X* . (A magazine that was sold in newspaper boxes on the streets of all the major cities in the Bay Area posing as pornography.) Much as *Beatitude* magazine had been the place of first publication for many of the Beat Generation writers in the 1950s, *LoveLights* was a corresponding forum for the younger generation of poets who had made their way to San Francisco during the 1970s. Heralded by Jack Hirschman as the pre-eminent experimental and lyrical voice for the west coast scene, Moe's seemingly random-selection, "electric dictionary" style of writing and readings often created scenes reminiscent of Stravinsky's debut of "Le Sacre du Printemps" in Paris at the turn of the century. At the 1st Annual San Francisco Poetry Festival, he had the audience of almost 3000 people simultaneously dancing joyously in the aisles and screaming epithets—including threats of murder. His self-published collection *Plug in the Electric Dictionary* which was published in 1973, is still considered by those who know it as an American avant-garde classic. In 1978 Beatitude Press published Moe's subsequent collection *Ozone Allah* in a large format to accommodate his long-line, long poem style. He continues to live, write and work in the San Francisco Bay area.

David Moe - est natif de San Francisco et a été une figure constante de la scène littéraire et artistique undergroung de cette ville depuis plus de trente ans. Pendant de nombreuses années il gagna sa vie en tant qu'éditeur des revues de poésie controversées *LoveLights* et *Deserted X*. (Une revue à l'allure porno-graphique qui était vendue dans les kiosques à journaux dans les rues de toutes les villes principales de la Bay Area.) Tout comme *Beatitude* avait été le lieu de la première publication pour beaucoup des écrivains de la Beat Generation dans les années 1950, *LoveLights* fut un premier forum pour la jeune génération de poètes qui se rendirent à San Francisco dans les années 1970. Pressenti par Jack Hirschman comme l'exemple d'une voix expérimentale et lyrique prééminente de la scène de la côte ouest, le style « dictionnaire électrique » de Moe, avec des sélections dues au hasard, crée souvent des scènes rappelant la première du Sacre du Printemps de Stravinsky à Paris au début du siècle dernier. Au premier Festival de Poésie Annuel de San Francisco, se trouvaient presque 3000 personnes qui simultanément dansaient joyeusement dans les allées et hurlaient des insultes – voire des menaces de mort. Son recueil *Plug in the Electric Dictionary*, qu'il publia à compte d'auteur en 1973, est encore considéré comme un classique avant-garde américain. En 1978 Beatitude Press publia le nouveau recueil de Moe, *Ozone Allah*, dans un grand format pour l'adapter à ses longs poèmes aux longues lignes. Il continue de vivre, écrire et travailler dans la Bay Area de San Francisco.

PROJECT ARTAUD

cartwheeling birdie
light blond rainbow pulled rouletting net of stars surgical opportunities haiku vrouw chthonian marquee gaudi platypus transvestite unique quintessence breath poeming clandestine sign santa claus orgasm neologismy diadems jitterbugging jellyfish feelings so i sew expanded felt sombrero O touch of glee indigo umber whalebelly skies rock gemini utopian nirvana free union chinese whisper mountain in a window smudge
dove you art now earth love
torque ingenue motel elvis dostoevski
hominey grits parachute do cocaine stove polishing bookshelvesnuzzling upsweep gondolier eternal radar flip mao tze tung ami the logic of snowflakes dark nomads hyperion more than revolvers of buddha or misty collisions !

Ozone Allah (Beatitude Press, 1978)

PROJET ARTAUD

galipettant oisillon
lumière blond arc-en-ciel tiré roulettant filet d'étoiles chirurgical opportunités haïku vrouw chthonien pavillon d'entrée gaudi ornithorynque travesti unique quintessence respiration poémant clandestin signe père noël orgasme néologique diadèmes jitterbugant méduse sentiments alors je couds déployé senti sombrero O toucher d'allégresse indigo ambre ventre de baleine ciels rocher gémeaux utopique nirvana libre union chinois murmure montagne dans une fenêtre tache
colombe toi art maintenant terre amour
torsion ingénue motel elvis dostoevski
gruau de maïs parachute faire cocaïne poêle cirant bibliothèquefouinante rafale ascendante gondolier éternel radar chiquenaude mao tze tong ami la logique des flocons de neige obscur nomades hyperion plus que pistolets de bouddha ou brumeux collisions !

UNION SQUARE

french windows pissing drunk atom random bailiwick nights winging darts of jesus armadildoe mafia egos on power trips childhood locomotive wheel brain pomegranate secret bound in careless survival piking the pride of a bullseye earth & carrot sun tuning turning in spiral arms intergalactic ice arabesqueing into nothing pancake someday so when will homosapiens knots knuckle hip punching bag of mercury wounded oxygen forced like amphetamine cutty sark daffodil joyously wake alive heshe hymn hymn heroine lady sm ac/dc tv all commingling of incestuous familiar trekies dutch ovary all combinations in carnate aura bone lightning booburing ultimate concern bingo luv alabaster thighs & rosy cocks juju nutmeg glistening back cambering brown torso of tosca earth tetragrammatoning floating african roads incensing evolutionary spirit gyrus coffling nombrils ushabti edda zygoneuring oh when will man woman children god being boomerang pentagram dance alive away make a clearing let bardo plutonium candymanikin violence push itself over become dust in the sun burning here mynahbirding pioneering nobs opening to sinai books ah buddhist probabilities lucky compassing agreeing everybodies added eternal intuition onion & gnarled birth of being a frequency a waving arcane quivering sesquipedalian rocket ship nighty thing alphabeting ruffle elizabethan i like elvis button pelvic ok wing human universe

Ozone Allah (Beatitude Press, 1978)

UNION SQUARE

français fenêtres pissant ivre atome hasard compétence nuits ailant dards de jésus tatougodemiché mafia egos sur pouvoir périples enfance locomotive roue cerveau grenadier secret lié dans négligence survivance piquant la fierté d'un œil-de-bœuf terre & carotte soleil accordant tournant en spirale bras intergalactique glace arabesquant dans rien pancake un jour alors quand les homosapiens nœuds jointure hanche frappant sac de mercure blessé oxygène forcé comme amphétamine cutty sark jonquille joyeusement éveiller en vie illui hymne hymne héroïne dame sadomasochisme courant alternatif/courant continu télé tout mêlant de incestueux familier passionnés de star trek hollandais ovaire tout combinaisons incarner aura os éclair sottise ultime intérêt bingo amour albâtre cuisses & roses verges gri-gri noix de muscade scintillant dos se cambrer marron torse de tosca terre tétragrammateintant flottant africain routes encenser évolutionnaire esprit gyrus toussant nombrils ushabti edda zygotant oh quand auront homme femme enfants dieu être boomerang pentagramme danse en vie au loin faire une éclaircie laisser bardo plutonium bonbonmannequin violence ici mainateoisillonant pionnierant notables ouvrant au sinaï livres ah bouddhiste probabilités chanceux compasant acceptant tout le monde ajouté éternel intuition oignon & noueux naissance d'être une fréquence un agitant mystérieux tremblant longmotsyllabique fusée navire négligé chose alphabetant manchette élisabéthaine j'aime bien elvis bouton pelvien d'accord aile humain univers

WORD SEANCE

Tom tom uranus quickie grazing herald harold norse becoming tundra
revolving pyramid measles of you riding the known sizzling groin
sapphire veers eternities fluid   bismark   spring each   nietzsche pat
moccasins astronauts keats boxing minds shadowing roxie powell racing
mummy santa claus tit of space unlapping stravinsky mona lisa
moons don't cash jack micheline   drumming chanting to carol lee
off guttenheimer knot zebra winds hobo adams
raining jukebox laughing chrysanthemums language within siamese   whos
cockroach atlantis ?   genes thank david plumb —   HOW !
sanchez kell winonims pussy fuges instant apocalypseing future crystalize
ogling 52 hands flowing from dreams isaac denison burning carnations ape
picasso caliban tweak signaling freud knut hamsun nuclear humping
foot voodoo janus bengurian wolf lessing william butler yeats creates the
mind shadows positively vincent van gogh jesus cosy reving berio whooping
            red hoolagun bliss
Takamatsu
cucumbers dueling baby mirrors siddha
pentagram buzzing veils from saint telepathic mouths grief unnailing
dreaming peach oscillating rimbaud
sufi tufuing
waving aurarangzeb a cherry now nameing mumbly peg james joyce
minerving nirvana cul de sac silvia plath little miss muffin yahveh
towing melville's joy blubber
ezra pounds gertrude stein upside down elephant
eaten by candy blindfolds
decameron of promiscuous kodak miraging scoops hiawatha

                                        once forever

Plug In The Electric Dictionary (Community Press, San Francisco, 1973)

SÉANCE DE MOT

Tom tom uranus vite fait broutant héraut harold norse devenant toundra
giratoire pyramide rougeole de toi chevauchant le connu grésillant aine
saphir vire éternités fluide   bismarck   printemps chaque   nietzsche pat
mocassins astronautes keats boxant esprits ombrer roxie powell coursant
maman père noël mamelle de espace dépliant stravinsky mona lisa
lunes ne pas espèce jack micheline   tambourinage psalmodiant à carol lee
éteindre guttenheimer nœud zèbre vents hobo adams
pleuvoir jukebox riant crysanthemes langage dedans siamois   qui est
blatte atlantique ?   gènes remercier david plumb-   COMMENT !
sanchez kell winanslepochard chatte fugues instant apocalyspant futur cristalliser
lorgner 52 mains s'écoulant de rêves isaac denison brûlant œillets grand singe
picasso caliban pincer signaler freud knut hamsun nucléaire tirer son coup
pied vaudou janus bengurian wolf lessing william butler yeats crée

l'esprit ombres positivement vincent van gogh jésus douillet démarrant berio s'extasiant
        rouge causeur de trouble félicité
Takamatsu
concombres en duel bébé miroirs siddha
pentagramme vibrant voiles de saint télépathique bouches peine décloutage
rêvant pêche oscillant rimbaud
sufi tufuant
brandissant aurarangzeb une cerise maintenant nommant mumbly peg james joyce
minervant nirvana cul-de-sac silvia plath petit mademoiselle muffin iahvé
remorquer la joie de melville graisse de baleine
ezra pound gertrude stein à l'envers éléphant
mangé par bonbon yeux bandés
decameron de promiscuité kodak mirageant scoops hiawatha

une fois pour toutes

WRITER'S BLOCK

       Sourceless without beginning &
       ending leaping mummy aquarium clocks
        molasses zinc, the spiral today
         is god's lysurgical soft mirage
          volition hiccuping autobiographical
           enemies, Hyacinth soul, vain seeds -
          in the truth of imaginations song

neighing ok
there are no stars anymore
just comets meerschaum shekinah horizon wing atomic pubes
flaming you into I am crazy I see everything in sighing cocoons
leviathans, boxes of angels
where syllocibin
now....................
sends menopause

       Sing
       lava
       fact laughing cadavers of tahiti moon
       unzippering
       hands
       arms
       wind
       blood
       night
       orgasms
       country
       transparent
       magic
       cuneiform
       minds
       shadow
       fucked into
       eyes
       subcutaneous mammalian ozone allah
       breathing reflections
       living
       nude
       warm
       ovaries
       pharaoh
       auras
       vortex
       apollo
       snake dementia praecox subconscious venus morphia earthquake may
       tidal wave juvenescence
       spelling beauty bodies shinning blossomy seraphims

turya guadeloupe stevedores
mountain
hummingbird
pineal
ions
grace
match fire tongue lumbering civilizations
trees
grew up
in the morning of leaf poem by david moe

Ozone Allah (Beatitude Press, 1978)

LE BLOCAGE DE L'ÉCRIVAIN

Sans source sans commencement &
fin bondir maman aquarium horloges
mélasse zinc, la spirale aujourd'hui
est le lysergique de dieu doux mirage
volition hoquetant autobiographique
ennemies, Hyacinthe âme, vain graines -
dans la vérité d'imaginations chanson
hennissant d'accord
il n'y a plus d'étoiles
juste comètes écume de mer shekinah horizon aile atomique pubis
flambant toi dans je suis fou je vois tout dans soupirant cocons
léviathans, boîtes d'anges
où syllocibin
maintenant.........
envoie ménopause
Chante
la lave
un fait riant cadavres de tahiti lune
défaire la fermeture éclair
mains
bras
vent
sang
nuit
orgasmes
pays
transparent
magique
cunéiforme
esprits
ombre
baisée dedans

yeux
souscutané mammifère ozone allah
respirant réflexions
vivant
nu
chaleureux
ovaires
pharaon
auras
vortex
apollon
serpent démence praecox subconscient vénus morphia tremblement de terre mai
raz-de-marée juvénissence
épellation beauté corps brillant bourgeonneux séraphins
turya guadeloupe docker
montagne
colibri
pinéale
ions
grâce
allumette feu langue encombrant civilisations
arbres
grandi
dans le matin de feuille poème de david moe

Janice Blue

Janice Blue - originally from the hills of western Kentucky, she made her way, early on, to San Francisco and the North Beach artistic community—arriving there well in advance of her male counterparts who would, alongside her, become the "Baby Beats" and resurrect *Beatitude* magazine. Always dressed from head to toe in the color blue, and with her long golden locks, she stood out in every crowd. At readings in North Beach, audiences could be heard chanting "blue, blue, blue, blue...." when she took the stage. A close friend and female counterpart to Beat Generation poets Bob Kaufman and Jack Micheline, she has been relegated to the status of "street poet"—something she is very comfortable with—happy to be in "such good company" as she has put it. Her work during the 1970s 2nd Renaissance appeared regularly in *LoveLights*, *Deserted X*, *Beatitude*, and various underground anthologies. Her book *Closing Time Til Dawn* written collaboratively with Bob Kaufman is now considered something of an underground Beat classic. After the 1970s, she continued to live in San Francisco. She is currently serving time in the California Prison System and is due to be released in early 2005.

Janice Blue - originaire des collines de l'ouest du Kentucky, elle a rejoint assez tôt la communauté artistique de North Beach à San Francisco - arrivant bien avant ses confrères qui deviendraient, avec elle, les « Baby Beats » et relanceraient la revue *Beatitude*. Toujours vêtue de bleu de la tête aux pieds, et avec des longs cheveux blonds, on la distinguait dans chaque foule. Aux lectures de North Beach, on entendait l'audience chanter « bleu bleu bleu bleu... » lorsqu'elle montait sur scène. Amie proche et consœur des poètes Bob Kaufman et Jack Micheline de la Beat Generation, on lui donna le statut de « poétesse de rue » - où elle se sent vraiment à l'aise - heureuse d'être en de « si bonne compagnie » comme elle dit. Son travail durant la Seconde Renaissance apparut régulièrement dans *LoveLights*, *Deserted X*, *Beatitude*, et plusieurs anthologies underground. Son livre *Closing Time Til Dawn*, écrit en collaboration avec Bob Kaufman, est aujourd'hui considéré comme un classique underground Beat. Après les années 1970, elle continua de vivre à San Francisco. Elle purge actuellement une peine de prison en Californie et doit être libérée début 2005.

NORTH BEACH

I had a long love affair with a neighborhood. I had this dream which it seemed to embody and depict and manifest. Forty years it lasted.

It was my home, my island of returning to. My fantasy village within a city. It was the living end... and where the trains all met, to turn around, for they didn't make 'em that went any further, trains of the mind, the continent, or "the happening" between true artists, or followers of the Dream, seekers after wisdom and the miraculous, or discoveries that would *add* to human knowledge. They would, and did, push the prow of these plates and rungs of what's known, indeed knowable, to new plateaus and dimensions, lofty, deep, and between people, their people, of whom I was one.

These backroom trains... this hidden "round table" where we told our travelling tales and our journeys and time warps, our Tibetan-to-Appalachian mysteries, first-heard and firsthand. A sort of subterranean Think Tank, deep in Bohemia and West Coast fog. Wherever we would go... Mexican ruins or the Louisiana shore, Greenwich Village in New York, Montreal, Holland, Tibet... we would bring it all back home to North Beach, in the City of Saint Francis where the cafes and bars and Washington Square, the rooftops and basements would receive it and hear it, and of course, us, who brought it. The conversations were huge, scattered, exotic querulous. The pools of transcendental thought, the magic of folklores plucked, sang and rose late into the night. The bonfire of nightly celebration took place at Aquatic Park, and San Francisco's finest let it be for fifteen to twenty years, driving by occasionally, askin' good naturedly, "Everybody alright ?" "Yeah," we'd say, "everybody as fine as wine, fine," and the jugs of cheap wine would go round, the small wavelets of the bay would lap near the fire and the bongos would play now softer, now strident, but continually there. Some played chess on the sand. People from all walks of life would be there, everybody not in love with jobs and sleep, all welcome. Ah, beauty of rooftops of the old "flea-bag" residential hotels, the black tar, the views ! The Holy Cannabis handed around. Ah, poetry's community... what held us, and what brought us back, to report, to report in.

We were vastly unpatriotic and absolutely irreverent as to all religion, including Buddhism. It was our persuasion as absolutely as our non-consumerism, our brick-and-planks bookshelves, our spool and car-seat furniture, our army-and-navy surplus clothing and our Goodwill box shopping, commodities food and Chinatown greasy spoons. To boycott the Economy and to reject out-of-hand the mainstream society of which we were the self-proclaimed orphans.

I loved us fervently, madly ; in love with non-joiners, the conclave of a generation's strangers. They were my "tribe" and I was adhered to it with the glue of unglued adoption of second culture, alternative family. I stayed loyal as long as even a shred could be found of our style, our continuance. We had no children to pass it to, or if we did, they, ironically, didn't take to it and would not carry it on, perhaps our downfall, partly if not fully. Forty years for me, sixty for the beginingers. For it is known where and when we began, but the ending is an unmarked grave, Beatnikdom.

Yes, a long time love affair. But it wouldn't marry me. And now my tribe has dissipated. I don't know where they've gone, and the youth have never heard of even the most famous of us. I am so homesick for them I could end it. But I'm still here, maybe there are others. Nothing is colder than the North Beach shutters, shiver, remember, shiver.

Janice Blue
Chowchilla Prison
Chowchilla, CA, 1999

NORTH BEACH

J'ai eu une longue histoire d'amour avec un quartier. J'avais ce rêve qu'il semblait incarner et dépeindre et manifester. Cela dura quarante ans.

C'était ma maison, mon île où retourner. Mon village de fantaisie à l'intérieur d'une ville. C'était le bout d'un chemin sans fin... et là où les trains se rencontraient tous, pour faire demi-tour, puisqu'ils ne les faisaient pas aller plus loin, trains de l'esprit, du continent, ou de « l'effervescence » entre les artistes sincères, ou les suiveurs du Rêve, chercheurs de sagesse et du miracle, ou de découvertes qui *agrémenteraient* la connaissance humaine. Ils pousseraient, et ont poussé, la proue de ces carcans du déjà connu, en effet à connaître, vers de nouveaux horizons et dimensions, nobles, profonds, et entre les gens, leurs gens, dont je faisais partie.

Ces trains d'arrière salle... cette « table ronde » cachée où nous relations nos contes de voyages et nos périples et périodes d'antan et futurs ramenés au présent, nos mystères du Tibet aux Appalaches, entendus pour la première fois, de première main. Une sorte de Groupe de Réflexion souterrain, profond dans le brouillard de la Bohème et de la Côte Ouest. Partout où nous allions... ruines mexicaines ou la rive de la Louisiane, Greenwich Village à New York, Montréal, Hollande, Tibet... nous ramenions le tout à North Beach, dans la Ville de Saint François où les cafés et les bars et Washington Square, les toits et les sous-sols le recevaient et l'entendaient, et bien sûr nous aussi, qui l'apportions. Les conversations allaient bon train, dispersées, exotiques et querelleuses. Les mares de pensées transcendantales, la magie des folklores pris à l'arraché, chantés et érigés tard dans la nuit. Le feu de joie des célébrations nocturnes prenait place au Parc Aquatique, et les autorités de San Francisco laissèrent faire quinze à vingt ans durant, faisant un saut occasionnellement, demandant de nos nouvelles naturellement, « Tout le monde va bien ? », « Ouais », on disait, « tout le monde va aussi bien que le vin, bien », et les cruches de vinasse tournaient, les petites vaguelettes de la baie clapotaient près du feu et les bongos jouaient, parfois doux, parfois stridents, mais continuellement présents. Certains jouaient aux échecs sur le sable. Des gens de tout horizon se trouvaient là, tous ceux qui n'étaient pas amoureux du travail et du sommeil, tous les bienvenus. Ah, beauté des toits des vieux hôtels résidentiels pouilleux, le goudron noir, les vues ! Le Saint Cannabis qui passait de main en main. Ah, la communauté de la poésie... ce qui nous retint, et ce qui nous ramena, pour informer, pour s'informer.

Nous étions largement antipatriotiques et absolument irrévérencieux quant à toutes religions, Bouddhisme inclus. C'était notre persuasion tout aussi absolue que notre anticonsumérisme, nos bibliothèques de briques et de planches, nos meubles et ustensiles faits de sièges de voitures et de bouts de ficelles, nos vêtements militaires de friperies et nos emplettes aux donations caritatives, la soupe populaire et les cuillères graisseuses de Chinatown. Pour boycotter l'Économie et pour garder hors de portée la société dominante dont nous étions les orphelins autoproclamés.

Je nous aimais avec ferveur, follement ; amoureuse de ceux qui ne se joignaient pas, le conclave d'étrangers à une génération. Ils étaient ma « tribu » et j'y ai adhéré fortement tout comme on adhère à l'adoption d'une seconde culture, famille alternative. Je suis restée loyale tant que pouvait se trouver ne serait-ce qu'un fragment de notre style, notre continuation. Nous n'avions pas d'enfants à qui le léguer, et si c'était le cas, ils ne s'y accrochaient pas, ironiquement, et ne le pérenniseraient pas, peut-être notre chute, en partie si ce n'est complètement. Quarante ans pour moi, soixante pour les premiers. Puisqu'il est connu où et quand nous commençâmes, mais la fin est une tombe sans inscription, domaine des Beatniks.

Oui, une longue histoire d'amour. Mais elle ne m'épouserait pas. Et maintenant ma tribu s'est dissipée. Je ne sais pas où ils sont allés, et la jeunesse n'a jamais entendu parler ne serait-ce que du plus connu d'entre nous.

J'ai tellement le mal du pays pour eux que je pourrais en finir. Mais je suis toujours ici, peut-être y en a-t-il d'autres. Rien n'est plus froid que les persiennes de North Beach, frissons, remémorations, frissons.

Janice Blue
Prison de Chowchilla,
Chowchilla, Californie, 1999

SAINT FRANCIS

Now I don't know much
about Catholics and I don't like
Romans no way, but I tell you

this little bit about Francis, saint
of this city and that talked to the birds...

Francis he have his native birds and then
Francis he have his migrant birds, but
all birds flock to Francis... Francis say

What is the news bird ? and the bird might say,
Not so good Francis, last week urban renewal
                              plowed down 13 streets of
                              old Beale St. from the river.

              Francis say that's too bad bird,
              but come on in until it's over...
              Yea, come on in until it's over.

              Whatever the Telegraph Hill Association
              says, that's what kind of dude Francis
              is. that's what kind of dude Francis
              is.... who wouldn't pay 75 cents bridge toll to
              get into this place ?

                              - North Beach, 77

In Good Ole No Man's Land (Green Light Press, 1978)

SAINT FRANÇOIS

Certes je n'y connais pas grand-chose
aux Catholiques et je n'aime les
Romains d'aucune façon, mais je vous en dis

un petit bout sur François, saint
de cette ville et qui parlait aux oiseaux...

François lui a ses oiseaux natifs et puis
François lui a ses oiseaux migrateurs, mais
tous les oiseaux affluent vers François... François dit

Quelles sont les nouvelles l'oiseau ? et l'oiseau pourrait dire,
Pas si bonnes François, la semaine dernière le renouvellement urbain

a ratissé 13 rues donnant sur
la vieille rue Beale près de la rivière.

François dit c'est bien dommage l'oiseau,
mais ramène-toi jusqu'à c'que c'en soit terminé...
Ouais, ramène-toi jusqu'à c'que c'en soit terminé.

Peu importe ce que l'Association de Telegraph Hill
dit, c'est le genre de type qu'est François.
c'est le genre de type qu'est François...
qui ne paierait pas 75 cents au péage du pont pour
accéder à cet endroit ?

BEAT ASPECT

Brittle bones of trees
Among the trees
Lay bleaching

In the chaulky light
On the hillsides
Of inherent sun and shadow

The highway hums
Lost in Californias ago
Cast into its own
Virgin echo

An epitaph of no breed
Beside them here thriving
On the hillsides
That are not the same.

- Highway 1, 69

In Good Ole No Man's Land (Green Light Press, 1978)

ASPECT BEAT

Os friables des arbres
Parmi les arbres
Gisent décolorés

Dans la lumière crayeuse
Sur les flancs de collines
De soleil et d'ombre inhérents

L'autoroute vrombit
Perdue dans la Californie d'antan
Projetée dans son propre
Écho vierge

Une épitaphe d'aucune espèce
À côté d'eux ici prospérant
Sur les flancs de collines
Qui ne sont pas les mêmes.

STREET POEM SAN FRANCISCO

Oh brim of the dregs, like the
depths of the heights, what are the
basements of high telegraph like ? I'd like to
know

libras blowing balance to find out
what it was like—to GET lost,—"just once, just once"

Oh sidewalks, doors of the hills
we're in love with our feet for climbing, for tripping
knock unlocking where have I been

Oh brim of the dregs, depths of the heights, what are the
basements of high telegraph like, I'd like to know

who sat decadence down by the curb but could no longer-
rise again—all together but whisper it
                  like the ground here was some wall or
                        door, no tape below,
                        lap whisperable keep
                        lap whisperable thing.

- North Beach, 69

In Good Ole No Man's Land (Green Light Press, 1978)

POÈME DE RUE SAN FRANCISCO

Oh bord de la lie, comme les
profondeurs de l'enivrement, comment sont les
sous-sols du quartier Telegraph Hill ? J'aimerais
savoir

les balances rompant l'équilibre pour se figurer
comment c'était-de SE perdre,-« rien qu'une fois, rien qu'une fois »

Oh trottoirs portes des collines
nous sommes amoureux de nos pieds pour gravir, pour triper
frappe ouvre et fais le point où m'en suis-je allée

Oh bord de la lie, profondeurs de l'enivrement, comment sont les
sous-sols du quartier Telegraph Hill, j'aimerais savoir

qui a assis décadence sur le rebord du trottoir mais ne purent-
se relever-tous ensemble mais la murmurer

comme si le sol ici était un mur ou
une porte, rien en dessous,
avant-cuisse murmurable maintien
avant-cuisse murmurable chose.

TO KELL ROBERTSON AND JACK MICHELINE

A cowboy in a bustop
dying of lung influenza

A memory come to mind
because of you.
The pale hoss and the songbird preaching
The nights of our fine drinking
The memory of the reef

are more than they can bear
They tried to stay together
But we were swept like seeds at
                         closing time

How the sunset with its seeds
denominates
Like wind trying for new choreograph

The North Beach Shutters
So do you
                    hear the wedding horns, the
                    drunken horns blow, then know
                    transamerica building
                     that it is only a tribute to
                    our night, pharoah.

- N. Beach, 1975

In Good Ole No Man's Land (Green Light Press, 1978)

À KELL ROBERTSON ET JACK MICHELINE

Un cowboy à un arrêt de bus
mourant d'influenza aux poumons

Un souvenir me vint à l'esprit
à cause de vous.
Le gros homme pâle et l'oiseau chanteur prêchant
Les nuits de nos bonnes beuveries
Le souvenir du récif

sont plus que ce qu'ils peuvent supporter
Ils ont essayé de rester ensemble
Mais nous fûmes balayés comme des graines à
                         l'heure de fermeture

Comment le coucher de soleil avec ses graines
dénomme-t-il
Comme le vent essayant de nouvelles chorégraphies

Les Frémissements de North Beach
Alors entendez-
              vous les trompes du mariage, les
              trompes enivrées sonner, puis savez-vous
              que l'édifice transamérique
              n'est qu'un hommage à

                              notre nuit, pharoah.

ONLY BECAUSE

Only because it was shattered before my eyes
Only because it was wafted to my ear

Only because memory couldn't touch it
Fragmented like the space most unknown of all

From the haunted forgotten.

Nothing but a fragrance could remind me
              so from muteness ; could command me
              without music ; could call me with

No name except familiar,
              familiar compass

In that misted-out advance
Toward home and ahead at once

Its not even life or death that's lost
But the regret. Strange regret like some skin
stretching away its pore of

              irretrievable moments
              when
              hearts cast away harmony
                    trying to be whole.

Lovelights (Issue 45, vol.3, 1975)

SEULEMENT PARCE QUE

Seulement parce que c'était fracassé devant mes yeux
Seulement parce que c'était soufflé à mon oreille

Seulement parce que la mémoire ne pouvait le toucher
Fragmenté comme l'espace le plus méconnu de tout

De l'oublié hanté.

Rien à part un doux parfum ne pouvait me remémorer
              cela du mutisme ; ne pouvait me commander
              sans musique ; ne pouvait m'appeler par

Aucun nom sauf familier,
              boussole familière

Dans cette progression embrumée
Vers la maison et tout de suite au-delà

C'est même pas la vie ou la mort qui est perdu
Mais le regret. Étrange regret comme une peau
élargissant ses pores de

       moments irrécupérables
       lorsque
       les cœurs repoussent l'harmonie
           essayant d'être un tout.

Paul Wear

Paul Wear - following several years as a novitiate at the San Francisco Zen Center under the tutelage of Philip Whalen, he left the world of the Buddhist aesthete and became a seminal member of the *Beatitude* cadre during the 1970s, editing issue # 24 of *Beatitude* in 1976 while being a housemate with Ken Wainio and Thomas Crowe in North Beach. His poems were published in *Beatitude, LoveLights, Deserted X* and other northern California publications during the decade of the 2nd Renaissance. A frequent participant of public readings and events sponsored by Beatitude/City Lights during the 1970s, during the 1980s, he became enamored of flying, and narrowly escaped death in a number of crashes and close calls. After leaving San Francisco, he has vanished from the west coast literary scene, leaving no trace of further writing or publication under his birth name.

Paul Wear - après avoir passé plusieurs années en tant que novice au Centre Zen de San Francisco sous la tutelle de Philip Whalen, quitta le monde d'esthète Bouddhiste et devint un membre déterminant de *Beatitude* durant les années 1970, éditant le numéro 24 en 1976 alors qu'il était colocataire avec Ken Wainio et Thomas Rain Crowe à North Beach. Ses poèmes furent publiés dans les revues *Beatitude, LoveLights, Deserted X* et d'autres du nord de la Californie durant la décennie de la Seconde Renaissance. Ce fut un participant régulier des lectures et événements publiques organisés par Beatitude/City Lights durant les années 1970, dans les années 1980 il se prit de passion pour le vol, et échappa de très peu à la mort lors de plusieurs chutes et accidents évités de justesse. Après avoir quitté San Francisco, il a disparu de la scène littéraire de la côte ouest, ne laissant aucune trace d'écrits ou de publications sous son nom de naissance.

LETTER 9/3/75

Dear Mr. Neruda,
       You are such a gentle man.
I walked in Berkeley today
carrying your book as if it were a shotgun.

Beatitude #23, 1976

LETTRE 3/9/75

Cher Mr. Neruda,
       Vous êtes un homme si noble.
J'ai marché à Berkeley aujourd'hui
portant votre livre comme si c'était un fusil.

THE FLOWERING PEACH

The flowering peach blasts itself all over my face
and my eyelid pulls across the entire sky to this tree
and Jack gave me Paris poems in the cafe / and I was Jack
there / shoulders the same set / and meeting this tree
I am an empty man / a seagull's cry in my face / in this
Asia under my skin / and she said, « Did you see it, and
the way he said, 'Eh ?' » / and she is and they are always
trying to talk about it / this kiss of painted pictures
on the streets / this rolling glyph of soil and muscle
and man and woman / there is nothing but the way we walk
no place to hide / faces pushed across the canvas
in the glaring cafe that never stops moving / name a gull
golden away and so inside / these petals these peach
flowers ring us like bells / us like hands raised in this
wild churning / and we form and remember and get so /
these petals agitate / so like a parade / all the figures
appear in motion / gestures so like fishermen / how elegant ! /
tilting and waving / and the crowd watches and decides /
and the petals ring us and ring us / and Yolanda behind the
counter / tricking the hourly deaths with winks / and the
parade / and the watching and deciding / and the petals
molest us / and we are lifting these cups to our lips
forever / this afternoon / forever

Beatitude #24, 1976

LE PÊCHER EN FLEUR

Le pêcher en fleur éclate sur ma figure
et mes paupières sont tractées de l'autre côté du ciel jusqu'à cet arbre
et Jack m'a donné des poèmes de Paris dans le café / et là j'étais
Jack / épaules de la même envergure / et en rencontrant cet arbre
je suis un homme vide / un cri de mouette sur ma figure / dans cette
Asie sous ma peau / et elle a dit, « L'as-tu vu, et
la façon dont il a dit, 'Eh ?' » / et elle est et ils sont toujours
en train d'essayer d'en parler / ce baiser d'images peintes
dans les rues / ce glyphe roulant de sol et de muscle
et d'homme et de femme / il n'y a rien que la façon dont nous marchons
aucun endroit où se cacher / visages poussés de l'autre côté de la toile
dans le café éblouissant qui n'arrête jamais de bouger / nomme un goéland
doré au loin ainsi qu'à l'intérieur / ces pétales ces fleurs
de pêcher nous font retentir comme des cloches / nous autres comme des mains levées
dans ce brassage sauvage / et nous formons et nous rappelons et obtenons cela /
ces pétales nous agitent / comme une parade / toutes les figures
apparaissent en mouvement / gestes tout comme des pêcheurs / que d'élégance ! /

s'inclinant et brandissant / et la foule regarde et décide / et
les pétales nous font retentir et retentir / et Yolanda derrière le
comptoir / truquant les morts de chaque heure avec des clins d'œil / et la
parade / et l'observation et la décision / et les pétales
nous incommodent / et nous levons ces tasses à nos lèvres
pour toujours / cet après-midi / pour toujours

CAFE POEM

across the room / her face tilted
the potted plant / broken
i'd like to talk to you
about the pieces / the guy upstairs
is kicking them around
the cafe
pieces, i mean
pieces
if only it came down to
crossing the room with that plant
but what a shambles
sorrow interrupts everything
another broken face
on the way to water
              LEBANESE WAR
no possible temples, no possible temples
chalk walls, dust walls, gone walls,
torn out, piled up, inner walls, eyes
if i can dance into your eyes
i will give you my arms
pieces, i mean
pieces

Beatitude #24, 1976

POÈME DE CAFÉ

de l'autre côté de la pièce / son visage s'inclina
la plante en pot / cassé
j'aimerais te parler
des morceaux / le gars au-dessus
les éparpille à coups de pieds
dans le café
morceaux, je veux dire
morceaux
si seulement ça descendait pour
traverser la pièce avec cette plante
mais quelle pagaille
la tristesse interrompt tout
un autre visage cassé
sur le chemin de l'eau
              GUERRE LIBANAISE
temples pas possible, temples pas possible
murs de craie, murs de poussière, murs partis,
déchirés, entassés, intérieur des murs, yeux

si je peux danser dans tes yeux
je te donnerai mes bras
morceaux, je veux dire
morceaux

The Baby Beats, City Lights Bookstore, San Francisco, 1976
From left - à partir de la gauche, Philip Daughtry, Thomas Rain Crowe, Janice Blue,
Ken Wainio, Neeli Cherkovsky, Paul Wear

NIGHT

The surfaces of the dice are living flesh, and
the tyranny of numbers, being of the day, gives
way to songs. Returning to the spot we were first
touched by rage, we lift our heads, our bellies
wet with tears. Vessels of memories in a land of
shadows. Our voices now a bittersweet odor in
our hands. In a circle of smoke, love is a dark
trumpet climbing the hard streets the world made
on our bodies, and brings us the power to give
each other a crystal of courage whose eyes, seeking,
rise and descend among the broken swords of language
and teach our hands the instrument. And our lips
are flesh again, baptized in our bodies' liquids,
speaking the living myth with our sweet wet muscles
and our blessed hunger.

Beatitude #23, 1976

NUIT

Les surfaces des dés sont de chair vivante, et
la tyrannie des nombres, créature du jour, donne
voie aux chansons. En retournant à l'endroit où nous fûmes
touchés par la rage pour la première fois, nous levons la tête, nos ventres
mouillés de larmes. Vaisseaux de mémoires dans une terre
d'ombres. Nos voix sont maintenant une odeur douce-amère dans
nos mains. Dans un cercle de fumée, l'amour est une sombre
trompette gravissant les rues raides que le monde a fabriquées
sur nos corps, et nous apporte le pouvoir de donner
à chacun un cristal de courage dont les yeux, cherchant,
montent et descendent parmi des épées cassées du langage
et enseignent l'instrument à nos mains. Et nos lèvres
sont de nouveau de chair, baptisées dans les liquides de nos corps,
parlant du mythe vivant avec nos doux muscles mouillés
et notre faim bénie.

ANGELS
& all the goddamn bells in san juan
he said they filled up my eyes with colors
but later the soil bent my arms so bad i was
ready to scream everything came to the city asking
& women & it looked like love to me the bells had
me so dazzled

THEY WANT TO TEACH ME HOW TO MAKE A BOMB !
i carry slips of paper he said full of numbers
slim chords flower in black shadow dreams another
day mexico paris vancouver it kills plants it kills
us too big to handle mother hid in her children her
children hid in her garden the bells paint pictures
in sunlight the canvas is so thin we thrash at the
words with a swizzle-stick our faces taxi across
town our desires leap out flapping like laundry
expecting sun bombs churn through shoulders & eyes
he said i'm

                   faltering
                   climbing toward
                   half-made gestures

half-hand
leaning
smoky
arm all torn
twistass streetbeauty
pluck my muscles make me walk

fuck the bombs he said and we do
shove a featherduster love in my ear
we do thoughtful little agonies eaten in
bed are so much better we do chew halloween
madonna cud we do let the whole world know what
they thought were masks really are our faces

& then he squeezed the rose
til thorns showed through the back
of his hand & the little drops made
stars on the sidewalk

ANGELS he said & smiled
& i scooped up the drops
& ran home & put them in a jar
& when i woke up the next morning
the jar was open & they were gone & i
said ANGELS

Beatitude # 25, 1976

142

ANGES

& toutes les foutues cloches à san juan
il disait qu'elles me remplissaient les yeux de couleurs
mais plus tard le sol tordit mes bras si rudement que j'étais
prêt à hurler toute chose s'en venait en ville demandant
& les femmes & ça me semblait être de l'amour les cloches
m'éblouissaient tellement

ILS VEULENT M'APPRENDRE À FABRIQUER UNE BOMBE !
je transporte des bandes de papiers il disait plein de chiffres
de grêles cordons des fleurs dans l'ombre noire des rêves un autre
jour mexico paris vancouver il tue les plantes il nous tue
trop volumineux à manier la mère se cache dans ses enfants ses
enfants se cachent dans le jardin les cloches peignent des images
dans la lumière du soleil la toile est si fine nous cinglons les mots
à coup de bâtonnet nos visages planent à travers ville nos désirs
se jettent dehors se secouant comme du linge prévoyant du soleil
les bombes fouettent les épaules & les yeux
il disait je

                                         vacille
                                         en grimpant vers
                                         gestes à moitié effectués

moitié de mains
m'inclinant
enfumé
bras tout déchiré
cul-de-travers beauté de rue
tends mes muscles me font marcher

baise les bombes il disait et nous faisons
remue un plumeau amour dans mon oreille
nous faisons pensives petites agonies mangées au
lit sont tellement meilleures nous faisons mâche rumine halloween
madonna le bol alimentaire nous faisons que le monde entier sache que ce
qu'ils pensaient être des masques sont en fait nos visages

& ensuite il pressa la rose
jusqu'à ce que les épines se montrent sur le dos
de sa main & que les gouttelettes fassent
des étoiles sur le trottoir

ANGES il disait & souriait
& je ramassai les gouttes
& je courus à la maison & les mis dans un bocal
& lorsque je me réveillai le lendemain matin
le bocal était ouvert & elles étaient parties & je
disais ANGES

Luke Breit

Luke Breit - was a key figure in the North Beach scene during the 70s and was instrumental in the resurrection of *Beatitude* magazine in 1975, and was editor of the first 2nd Renaissance issue, # 21. At the end of the decade, he moved to the Mendocino community on the northern coast of California, where he became editor of the Wilderness Poetry Press, published *Free Poems for the People*, taught in the Poetry-In-The-Schools Program, and worked with the Creative Writers Workshop at Folsom Prison. His book *Celebrating America Within* (Golden Mountain Press) was published in San Francisco in 1976. While still being closely connected with the San Francisco scene, from the Mendocino years of the late 70s came another collection of poetry : *Words the Air Speaks*. With poems published in such seminal west coast literary magazines as *Beatitude, LoveLights, Deserted X* and *Kuksu,* he also had poems published in the *New Yorker* and *The California Bicentennial Poetry Anthology*. In the 1980s, he moved to Sacramento, California, where he still resides, working for the Sacramento Arts Commission and as President of the Sacramento Poetry Center.

Luke Breit - fut une figure clé de la scène de North Beach durant les années 1970 et fut un collabora-teur déterminant quant à la résurrection de la revue *Beatitude* en 1975 puisqu'il fut l'éditeur du premier numéro de la Seconde Renaissance, le n° 21. À la fin de la décennie, il se joignit à la communauté de Mendocino, sur la côte nord de Californie, où il devint l'éditeur de Wilderness Poetry Press, publia *Free Poems for the People*, enseigna pour le programme de la Poésie dans les Écoles et travailla avec l'Atelier des Écrivains Créateurs de la Prison de Folsom. Son livre *Celebrating America Within* (Golden Mountain Press) fut publié à San Francisco en 1976. Alors encore en contact régulier avec la scène de San Francisco de ses années à Mendocino, fin des années 70, il sortit un autre recueil de poésie : *Words the Air Speaks*. Avec des poèmes publiés dans des revues littéraires déterminantes de la côte ouest telles que *LoveLights, Deserted X, Kuksu et Beatitude,* il eut aussi des poèmes publiés dans le *New Yorker* et *The California Bicentennial Poetry Anthology*. Dans les années 1980, il s'installa à Sacramento, Californie, où il réside toujours, travaillant pour la Commission des Arts de Sacramento et en tant que Président du Centre de Poésie de Sacramento.

VIETNAM - 1975

1

In Vietnam, the men
come down from the north,
back to their homes.
They wear the secret clothes
of forests, carry heavy rifles
and the small weapon
of decisions made in the heart.
Inside cities, other men
abandon their guns and tanks,
strip off the offensive uniforms.
Even they can see
there's been enough of death.
They return to the simpler chores
of embracing wives,
and relearning the names of children.

2

At the airports, jets shudder
and plunge off into the glowing air,
carrying their cargo of generals
to secret meetings in Washington.
In the air-conditioned cabins,
over martinis dry as sand,
they learn that Chiang Kai-Shek
has died, as far away
from China as he was from heaven.
At the wintry edge of the twentieth century,
spring has reappeared.
The tired soil feels a weight
lighter than bombs
as farmers reshape the old plows
above it, planting seeds
of rice, and of silence.
A time has come they'd known
they'd live to see,
at least some of them,
for they had always
belonged to the earth.

3

In America, it's hard
to finally let go.
The harsh, iron chain
that linked our continents
stretches and snaps,

the cold miles spring up
between us once more,
and we are left lonely
with our cold machines.

Celebrating America Within (Golden Mountain Press, 1975)

VIETNAM - 1975

1
Au Vietnam, les hommes
descendent du nord,
de retour chez eux.
Ils portent les vêtements secrets
des forêts, transportent de lourds fusils
et la petite arme
de décisions prisent par le cœur.
À l'intérieur des villes, d'autres hommes
abandonnent leurs pistolets et chars,
arrachent les uniformes offensifs.
Ils peuvent même voir
qu'il a été suffisamment question de la mort.
Ils s'en retournent à la plus simple routine
d'embrasser les épouses,
et de rapprendre les noms des enfants.

2
Aux aéroports, les jets frémissent
et s'enfoncent dans l'air incandescent,
transportant leur cargaison de généraux
aux réunions secrètes de Washington.
Dans les cabines à air-conditionné,
en prenant des martinis secs comme le sable,
ils apprennent que Tchang Kai-Chek
est mort, aussi loin
de la Chine qu'il l'était du paradis.
À la lisière glaciale du vingtième siècle,
le printemps a réapparu.
Le sol fatigué ressent un poids
plus léger que des bombes
alors que sur lui les fermiers redonnent forme
aux vieilles charrues, semant des grains
de riz, et de silence.
Ce fut le moment où ils surent
qu'ils vivraient pour voir,
au moins certains d'entre d'eux,
puisqu'ils avaient toujours
appartenu à la terre.

3
En Amérique, c'est dur
d'enfin laisser aller.
La rêche chaîne de fer
qui liait nos continents
se tend et se brise,
les kilomètres froids jaillissent
entre nous encore une fois,
et nous nous retrouvons seuls
avec nos machines froides.

San Francisco Poetry Festival, 1976
From left - à partir de la gauche, Alexandr Kohav, Luke Breit (kneeling - agenouillé),
Thomas Rain Crowe + Andrei Codrescu (in back - en arrière),
Diane di Prima, David Meltzer, William Everson (in back, drinking - en arrière, buvant)

POEM FOR NICHOLAS RIMIREZ

"Se amaran todos los hombres..."
Cesar Vallejo

In this small California town,
it is the beginning of winter.
The rain is falling
on the small stores,
on the post office,
and on that bar where
I was so drunk and lonely.
It drips from the old Redwoods
with an ancient color : freedom !
It is the color
Lorca and Hernandez saw in Spain,
and that Che saw in Cuba :
it made him drop everything
to climb up a rope
he found dangling in his heart,
flung down from the mountains.

Sweet Nick, dead now, saw the color
before any of us, in Spain,
and Cuba too. I knew him well
during the years on North Beach,
his last revolution over,
and the last poems written long ago.
I watched death fill up
that quiet life. Once, near the end,
he saw the color again,
looking into the young faces
that loved him so.

Beatitude # 21, 1975

POÈME POUR NICHOLAS RIMIREZ

"Tous les hommes s'aimeront..."
Cesar Vallejo

Dans cette petite ville de Californie,
c'est le début de l'hiver.
La pluie tombe
sur les petites boutiques,
sur la poste,
et sur ce bar où
j'étais si soûl et esseulé.
Elle dégouline des vieux Séquoias

avec une couleur d'antan : liberté !
C'est la couleur que
Lorca et Hernandez virent en Espagne,
et que Che vit à Cuba :
elle lui fit tout lâcher
pour grimper à une corde
qui pendillait à son cœur,
jetée par-delà les montagnes.

Doux Nick, mort maintenant, vit la couleur
avant n'importe lequel d'entre nous, en Espagne,
et à Cuba aussi. Je l'ai bien connu
durant les années à North Beach,
sa dernière révolution terminée,
et les derniers poèmes écrits il y a bien longtemps.
Je regardai la mort emplir
cette vie tranquille. Un jour, près de la fin,
il vit la couleur de nouveau,
en regardant dans les jeunes visages
qui l'aimaient tant.

ON READING THAT SIXTY-FIVE PERCENT
OF BLACK YOUTH ARE UNEMPLOYED

All night the rain
has been slapping against
my sleep - like the cries
of men with children
who can't find work.
Pages of statistics
pile up on the desks
of bureaucrats, helpful as dust.
Executives stare at them
until they see the huge forests
suddenly vanishing from the earth.
Something has gone wrong here :
the bodies of wild, swaying trees
are turned into bags of feed
for the sharp teeth of news ;
casually, whales are cut down
to a size right for dogs ;
strong men sink
into the quicksand of a dull hatred,
the firm branches
of a good year
always just out of reach.
Blood flares up
in the dark corners of the body.
A slow explosion spreads
its orange hue over the land,
and it is not to sleep
that we are about to be rocked.

Celebrating America Within (Golden Mountain Press, 1975)

DE LIRE QUE SOIXANTE-CINQ POUR CENT
DES JEUNES NOIRS SONT SANS EMPLOI

Toute la nuit la pluie
a giflé
mon sommeil - comme les pleurs
d'hommes avec enfants
qui ne peuvent trouver de travail.
Des pages de statistiques
s'entassent sur les bureaux
des bureaucrates, aussi utiles que la poussière.
Les politiques les fixent du regard
jusqu'à ce qu'ils voient les gigantesques forêts

150

soudainement disparaître de la terre.
Quelque chose a mal tourné ici :
les corps d'arbres sauvages s'inclinant
sont tranformés en sacs de nourriture
pour les dents pointues de la presse ;
habituellement, les baleines sont découpées
en une taille adéquate pour les chiens ;
des hommes forts s'enfoncent
dans le sable mouvant d'une haine stupide,
les branches fermes
d'une bonne année
toujours simplement hors d'atteinte.
Le sang flamboie
dans les coins sombres du corps.
Une lente explosion déploie
sa teinte orange sur la terre,
et ce n'est pas pour dormir
que nous sommes sur le point d'être bercés.

THE HEART AS A PRISONER

for my sister, Miranda

Sentries stand in the dark corners
of the eyes. Behind them,
the prison camps fill with
the wounded soldiers from the inner world.
These words are the bullets that speed
through the walls of the mind
towards the eye. The guards fall.
You are so far away from me,
the prisoners must be
the tear that just now escaped
through the open fields of my face.

Celebrating America Within (Golden Mountain Press, 1975)

LE COEUR COMME PRISONNIER

pour ma sœur, Miranda

Les sentinelles se tiennent dans les coins sombres
des yeux. Derrière eux,
les camps de la prison s'emplissent des
soldats blessés du monde intérieur.
Ces mots sont les balles qui foncent
au travers des murs de l'esprit
vers l'œil. Les gardiens tombent.
Tu es si loin de moi,
les prisonniers doivent être
la larme qui à l'instant s'est échappée
par les vastes champs de mon visage.

LINES FOR HEAVY DRINKERS

In the evenings
when we are too wise
or too poor
to drink,
we wish to bless sleep
with our dry throats
and trembling hands ;
so, we learn the same prayer
as the clerk of a small shop
in a bad neighborhood, which,
like our eyes,
stays open all night.

Celebrating America Within (Golden Mountain Press, 1975)

LIGNES POUR BUVEURS CORIACES

Lors des soirées
où nous sommes trop sages
ou trop pauvres
pour boire,
nous désirons bénir le sommeil
avec nos gorges sèches
et nos mains tremblantes ;
alors, nous apprenons la même prière
que celle de l'employé d'un petit magasin
dans un sale quartier, qui,
comme nos yeux,
reste ouvert toute la nuit.

LEAVING TOWN

Now that it knows I'm leaving
this city puts on
a new layer of sound,
begins to shriek at me.
It's a little annoying,
like the drone of a fly
slapping you out of
a dream of summer grass.

But it's too late now.
The land's begun to paint
its self-portrait on my mind
and it opens before me.
I step into it and am gone,
carrying some poems,
a memory or two,
a suitcase bulging with silence.

Beatitude # 21, 1975

QUITTER LA VILLE

Maintenant qu'elle sait que je pars,
cette ville revêt
une nouvelle gamme de sons,
commence à me crier dessus.
C'est un peu ennuyeux,
comme le bourdonnement d'une mouche
qui te claque et te vire
d'un rêve sur l'herbe de l'été.

Mais c'est trop tard maintenant.
La terre a commencé à peindre
son autoportrait sur mon esprit
et il s'ouvre devant moi.
J'y pénètre et me voilà parti,
transportant des poèmes,
un souvenir ou deux,
une valise se gonflant de silence.

THE TECHNOLOGY OF FORESTS

What comes from darkness holds the earth fast.
Roots deep beneath the ground
carry light to leaves, to bathe the air in green.
What's dark inside the heart is why we can't
see love until it's there,
is the path on which it comes.

This century stands finished in light.
From the air, cities gleam at you,
whatever the hour. Against our fear,
we plant our crop of streetlamps.
What's plastic and built for money,
a church's neon cross,
screws a thousand watts into the face.
Detectives in green rooms with one bare bulb
question the Catholic Mass
out of its robes of Latin
until it's a skeletal mass of holes,
the glare pouring through.

At night, at the bottom of any deserted road,
the earth steadies. Our eyes
focus to the dark again, the sky rounds
and becomes whole. Something in the air
shoots an arrow so straight the century
spins to gold, we begin to sing rivers
beyond their next bend, believing we can go on.
When daylight comes, we've been trued
to so fine an edge we take well
inside ourselves what we'll need to save,
these deep drifts of night.

Beatitude #24, 1976

LA TECHNOLOGIE DES FORÊTS

Ce qui vient de l'obscurité maintient la terre ferme.
Des racines profondes sous le sol
portent la lumière aux feuilles, pour baigner l'air de vert.
Ce qui est obscur à l'intérieur du cœur est pourquoi nous ne pouvons voir
l'amour jusqu'à ce qu'il soit là,
est le sentier par lequel il vient.

Ce siècle en a fini de ses lumières.
De part les airs, les villes scintillent vers vous

peu importe l'heure. Au devant de notre crainte,
nous mettons nos réverbères en terre.
Ce qui est en plastique et fabriqué pour l'argent,
la croix en néon d'une église,
visse mille watts dans le visage.
Des détectives dans des salles vertes avec une simple ampoule
interrogent la Messe Catholique
défaite de ses soutanes de Latin
jusqu'à ce que ce soit une messe squelettique de trous,
la lueur éblouissante s'y déversant.

La nuit, au bout de n'importe quelle route désertée,
la terre s'affermit. Nos yeux
se figent sur l'obscur de nouveau, le ciel s'arrondit
et devient entier. Quelque chose dans l'air
lance une flèche si droite que le siècle
se patine d'or, nous commençons à chanter les rivières
au-delà de leur prochaine courbe, croyant que nous pouvons poursuivre.
Lorsque la lumière du jour vient, nous avons été ajustés
en une lisière si exiguë que nous prenons bien
à l'intérieur de nous-mêmes ce que nous aurons besoin de sauvegarder,
ces profondes traînées de nuit.

TURNING IN

This afternoon, I am concentrating
on the sounds between silences.
Above, the charred buzz of a fly
circles my head. To my right,
a loose piece of tin on the barn roof
is being strummed by fingers in the air.
Every now and then, an invisible plane
is rattling the windows of the sky.
And far off, an unknown machine
is churning air
into the solemn music of rust.

I have been too long
in the city, away from soil,
so my ears don't understand
this absence of busses.
This morning in fact,
I awoke before dawn
and shivered two hours
as dark silence prowled outside.

But I am beginning, again,
to listen to the silences
that rise up from fields,
and rivers,
and any road
that is empty at night.

Celebrating America Within (Golden Mountain Press, 1975)

S'INTÉRIORISER

Cet après-midi, je me concentre
sur les sons entre les silences.
Au-dessus, le bourdonnement dû à une mouche
encercle ma tête. À ma droite,
un morceau branlant d'étain sur le toit de l'étable
est arpégé par des doigts dans les airs.
De temps à autre, un avion invisible
fait vibrer les fenêtres du ciel.
Et au loin, une machine inconnue
brasse l'air
dans la musique solennelle de la rouille.

Je suis resté trop longtemps
dans la ville, loin de la terre,
alors mes oreilles ne comprennent pas
cette absence de bus.
Ce matin en effet,
je m'éveillai avant l'aube
et grelottai deux heures durant
alors que l'obscur silence rôdait dehors.

Mais je recommence
à écouter les silences
qui sourdent des champs,
et des rivières,
et de n'importe quelle route
qui est vide la nuit.

Proposition 15 Reading - Kaye McDonough

P. Krether '76

Kaye McDonough

Kaye McDonough - was born in Pittsburgh in 1943 and studied literature at Vassar College before transferring to Boston University and then the University of California at Berkeley where she earned a degree in Art History. She went to Paris in 1963 where she, like Lawrence Ferlinghetti a generation before her, studied at the Sorbonne and explored the literary haunts of the "lost generation" before making her way back to the west coast of California and becoming part of the scene in San Francisco during the 1960s as a young publisher of Green Light Press and an editor of the now-classic anthology of San Francisco poets, the *185 Anthology*. As something of a lighthouse for the 1970s North Beach scene, she was also a fixture at all *Beatitude/City Lights* events, wowing audiences and readers with her theatrical poems on Zelda Fitzgerald. Her book *Zelda* was published by City Lights Books in 1978 to widespread acclaim, followed by stage productions produced by off-Broadway companies in New York. In the 1980s, she was married for a time to Beat Generation poet Gregory Corso, having a son from that union. In the 1990s, she left San Francisco and moved back east to Pittsburg before moving eventually to New Haven, Connecticut—where she still resides.

Kaye McDonough - est née à Pittsburgh en 1943 et étudia la littérature au Vassar College avant de changer pour l'Université de Boston et pour l'Université de Californie à Berkeley où elle reçut un diplôme d'Histoire de l'Art. Elle alla à Paris en 1963 où elle étudia à la Sorbonne, comme Lawrence Ferlinghetti une génération avant elle, et explora les lieux littéraires de prédilection de la « génération perdue » avant de retourner sur la côte ouest de la Californie et de prendre part à la scène de San Francisco durant les années 1960 en tant que jeune éditrice de Green Light Press et de l'anthologie aujourd'hui classique des poètes de San Francisco, la *185 Anthology*. Sorte de phare pour la scène de North Beach des années 1970, elle fut aussi une pièce à part entière de tous les événements de *Beatitude/City Lights*, gagnant l'admiration de l'audience et des lecteurs avec son poème théâtrale Zelda Fitzgerald. Son livre *Zelda*, publié par City Lights Books en 1978, fut largement acclamé et suivi par des productions de mise en scène produites par des compagnies off-Broadway à New York. Dans les années 1980 elle fut mariée quelque temps au poète Gregory Corso de la Beat Generation, et eut un fils de cette union. Dans les années 1990 elle quitta San Francisco et retourna dans l'est à Pittsburg avant de s'installer à New Haven, Connecticut, où elle réside aujourd'hui.

AFTERNOON

I sit going mad on a chair

A fly measures the hallway

Beatitude #21, 1975

APRÈS-MIDI

Assise sur une chaise je deviens folle

Une mouche mesure le couloir

I HAVE GONE MAD WITH LOVE, LOVE, MAD

Your stories have filled me up like a room
I trip over your grandparents
fall against a cousin, a wife
Your losses hit me on the head
hurt me with remembering
Yesterday, I saw the boy you must have been
sitting quietly with his hands folded
at the kitchen table
Today, I see you crossing every street
but I walk around alone, love
looking up my feelings in bookstores
half drunk, under a half eaten moon
that hangs across my day like a heart

Beatitude #24, 1976

JE SUIS DEVENUE FOLLE A CAUSE DE L'AMOUR, L'AMOUR, FOLLE

Tes histoires m'ont emplie comme une chambre
Je rends visite à tes grands-parents
tombe sur un cousin, une épouse
Tes pertes me tapent sur le système
me blessent à me les remémorer
Hier, j'ai vu le garçon que tu as dû être
assis silencieusement avec ses mains jointes
à la table de la cuisine
Aujourd'hui, je te vois traverser chaque rue
mais je déambule toute seule, l'amour
cherchant mes sentiments dans les librairies
à moitié ivre, sous un croissant de lune
qui pend à mon jour comme un cœur

AS WE SING TO EACH OTHER
ON CROSS-COUNTRY BUSES
OUR CLOTHES FALL OFF

Let the clay red rivers run forever
and the skinny Santa Fe
laugh its thin waters over rocks
We'll sing to each other on cross country buses
while butterflies murdered by speed
splash the mechanical nose
and asphalt sleep drags the black road
forever behind
our falling away, discarded clothes

Beatitude #26, 1976

ALORS QUE L'ON CHANTE POUR LES UNS ET LES AUTRES
DANS LES BUS NATIONAUX
NOS VÊTEMENTS TOMBENT

Que les rivières d'argile rouge s'écoulent pour toujours
et que la maigre Santa Fe
rie ses eaux fluettes de part les rochers
On chantera pour les uns et les autres dans les bus nationaux
pendant que les papillons assassinés par la vitesse
éclaboussent le nez mécanique
et le sommeil d'asphalte traîne la route noire
pour toujours derrière
nos vêtements tombant, mis au rebut

TALK TO ROBERT CREELEY ABOUT IT

> "...let you find a good wife too,
> and love her as hard as you can."
>   - R. Creeley

I.

Breasts are your bonbons
You suck a lemon fondant
spit out a chocolate-covered cherry
You try on vaginas like finger rings
The pearl cluster is too loose perhaps
the gold band too tight
You collect hearts like paintings
They are nailed to your walls
Skulls ring your house
They are the ivory necklace
fallen from the throat of your latest lady

II.

Women lie around you like mirrors
You pick up one, then another
comb your hair, adjust your features in their glass
Do you see, you grow thin
from wanting some love on your bones ?

Beatitude #21, 1975

PARLES-EN À ROBERT CREELEY

> « ... toi aussi trouve-toi une bonne épouse,
> et aime-la aussi fort que tu peux. »
>   - R. Creeley

I.

Les seins sont tes bonbons
Tu suces un fondant au citron
recraches une cerise recouverte de chocolat
Tu essaies des vagins comme des bagues
La grappe de perles est trop lâche peut-être
la ligature d'or trop serrée
Tu collectionnes des cœurs comme des tableaux
Ils sont cloués à tes murs
Des crânes assiègent ta maison

Ils sont le collier d'ivoire
tombé du cou de ta dernière dame

II.

Les femmes gisent autour de toi comme des miroirs
Tu en prends une, puis une autre
peignes tes cheveux, ajustes tes traits dans leur glace
Vois-tu que tu t'amincis
à vouloir de l'amour sur tes os ?

DIALOGUE ON THE PANNING OF ZELDA SAYRE FITZGERALD

> "I liked houses under construction
> and often I walked on open roofs
> I liked to jump from high places...
> I liked to dive and climb in the
> tops of trees..." - Zelda S. Fitzgerald

I

In the South of white rooms and young men toasting chastity
beside the pear tree and in front of the judge she said :
"The air shines and it is yellow and white at the same time
This is the gift air and the day holding round it
I want," (I wanted) "to blow into life a brilliance
as into a flame to fan it
I want" (I wanted) "you know, everything"
She kicked away the ladder and fell down on stage

II

> "Called on Scott Fitz and his bride
> Latter temperamental small town
> Southern belle. Chews gum - shows knees"
>   - A.McKaig, *Diaries*

So she amazed Montgomery, Alabama
          (the provinces are easily amazed)
So Ring Lardner wrote her a poem
          (not one of his best efforts)
So she painted
          (grotesque, disfigured shapes... they did well to keep them
          in the basement)
and danced
          (awkwardly... appallingly second rate... she was just a
          vulgar exhibitionist)
and wrote
          (embarrassing... pure sentimentality... would never have had
          a thing published without her husband's name behind her)
So she had a child
          (and wasn't much of a mother, to hear the reports)
a husband
          (drunks, really, the two of them - but he much her better...
          overblown melodrama)
a lover
          (Oh, yes, the aviator... fancied herself a 'pioneer')
a dream
          (take a close look a that... romantic drivel... self-destructive

narcissism, if you want my opinion... not the dream of an intelligence)
So she held her own with the best of them
            (if you can call anyone from that era really first rate
            other than Edmund Wilson and he was too busy making a fool
            of himself over Edna St. Vincent Millay, another *case*)
and then the best of those
Well, well, so, so what ?
Check Dos Passos, Rebecca West
the artists, the critics, the psychiatrists
you know, the authorities
She was mediocre and, to say the least, neurotic
Sick - and you can shut up Zelda
Shut that woman up
How could she have been who she was ?
That raw girl - Stop her movement
Wasn't didn't couldn't
No. All she ever had was, let's face it, nerve

Yet she turned circles
odd her way with it, rational Sara said
Yes, strange the way she turned
nearly sexless, nearly oblivious
The room transfixed to check her balance
What was that dance ?

III

As if the spirit could speak only in the language
made intelligible by death, I call to you from the ends of ruin
in words I think you'll recognize :

While cornstalks raised silken heads to the moon
the Montana dream slid to the edge of the plains to its ending
The vision roped down, made to look at itself
Not lovely, not lovely at all
More domestic animals and greed
Not the singing that was wanting
Not the song from deep in the dream
Back to the pots and the pans
and 'let's look at it' and 'here it is'
the ordinary untransformed

You expect me to bravo this shrinking
You expect me to sit down like a good girl
yodel the nap of the carpet, the teller at the bank
hurrah this stupor
that the wind has been taken out of the storm
the sorcerer exiled from his vat

that every day nothing can happen
that sights are set on Duco Cement and what happened in the bathroom
me, from cartwheeling magnolia streets ?
You sing about this potato you call reality
if you can, if you honestly can
and feel grateful that you aren't
you know, starving from a deadened appetite

      Zelda, Zelda, Zelda. Here, here. Now, now.
      Let's do quiet her
      She was just broken-hearted over something
      therapy could have fixed, or a good man or an education
      If only someone had told her
      the Republic has what it's always wanted :
      official sanction that everything's 'O.K.'
      What was the matter with her, anyway ?

If everything vast is encompassed, defined
If the life case is cracked, the mystery solved
If my line is so ordered and classified it's robbed of all that was rare in it
If even the brutal magic of my head is institutional property
I still spit on your ordinary
I still spit on your normal
I still spit on the names you give to everything
because I've been to the edge and fallen off
and I believe in the promise of air

      Oh, what is she talking about now ?
      Really. She's become quite a bore, hasn't she ?

Your names are excuses for failing to dream
Your names are idols to protect you from uncertainty
You who are afraid to feel and afraid to fail
afraid to give your thoughts a shape
I call you cowards, and to my friends I say
Take heart against the wardens of perception

      Well, the simple truth is she had no friends
      Poor woman. Filled with self delusions
      That brilliance she wanted - a total disaster
      Hives and eczema are more like it
      She drank too much
      got fat, got crazy
      looked ugly one day (Hemingway said so)
      had too many hangovers
      didn't have, well, you know, just didn't make it
      but I did notice in the books, in the dusty books
      on the dead page, there among the litany of corpses

one fact that may have been overlooked :
a real, live woman went up in flames
midnight, March 10, 1948, wasn't it ?

Beatitude #23, 1976
Lovelights, Issue 48, vol.3, 1976

DIALOGUE SUR LES FUSTIGATIONS CONTRE ZELDA SAYRE FITZGERALD

« J'aimais les maisons en construction
et souvent j'ai marché sur les toits ouverts
J'aimais sauter d'endroits haut perchés...
J'aimais plonger et grimper en
haut des arbres... » - Zelda S. Fitzgerald

I

Dans le Sud des pièces blanches et des jeunes hommes trinquant à la chasteté
à côté du poirier et devant le juge elle dit :
« L'air luit et il est jaune et blanc en même temps
C'est le cadeau de l'air et le jour se tenant autour de lui
Je veux, » (je voulais) « insuffler à la vie un éclat
comme à une flamme pour l'accentuer
Je veux » « (je voulais) « vous savez, tout »
Elle donna un coup de pied à l'échelle et tomba sur la scène

II

« Ai appelé Scott Fitz et sa fiancée
Ancienne petite ville de tempérament
Beauté du Sud. Mâche du chewing-gum - montre les genoux »
                              - A.McKaig, *Diaries*

Ainsi elle impressionnait Montgomery, Alabama
          (les provinces sont facilement impressionnées)
Ainsi Ring Lardner lui écrivit un poème
          (pas un de ses plus grands efforts)
Ainsi elle peignait
          (grotesque, formes défigurées... ils ont bien fait de les laisser à la cave)
et dansait
          (maladroitement... déprimant de deuxième ordre... elle était juste une
          vulgaire exhibitionniste)
et écrivait
          (embarrassant... pure sentimentalité... n'aurait jamais rien eu de publié
          sans le nom de son mari derrière elle)
Ainsi elle avait un enfant
          (et n'avait rien d'une mère, à écouter les potins)

un mari
        (ivres, vraiment, tous le deux - mais lui vaut mieux qu'elle...
        mélodrame surfait)
un amant
        (Oh, oui, l'aviateur... elle se prit pour une 'pionnière')
un rêve
        (regardez cela de près... niaiserie romantique... narcissisme auto-destructeur,
        si vous voulez mon opinion... pas le rêve de quelqu'un d'intelligent)
Ainsi se maintenait-elle au même niveau que les meilleurs d'entre eux
        (si de cette époque vous pouvez qualifier qui que ce soit de réellement premier
        ordre autre qu'Edmund Wilson et il était trop occupé à se ridiculiser auprès
        d'Edna St. Vincent Millay, une autre *histoire*)
et puis que le meilleur d'entre ceux-là
Bien, bien, alors, alors quoi ?
Voyez Dos Passos, Rebecca West
les artistes, les critiques, les psychiatres
vous savez, les autorités
Elle était médiocre et, c'est peu dire, névrotique
Malade - et vous pouvez fermer la gueule de Zelda
Enfermez cette femme
Comment a-t-elle pu être qui elle était ?
Cette fille rustre - Arrêtez ses mouvements
N'était pas ne faisait pas ne pouvait pas
Non. Tout ce qu'elle n'a jamais eu furent, avouons-le, des nerfs

Cependant elle tournait en rond
bizarre son parcours avec ça, disait Sara la rationnelle
Oui, étrange comme elle a tourné
quasiment sans sexe, quasiment absente
La pièce immobilisée pour assurer son équilibre
Quelle était cette danse ?

III

Comme si l'esprit ne pouvait parler que dans la langue rendue
intelligible par la mort, j'en appelle à vous du bout des ruines
par des mots que je pense vous reconnaîtrez :

Alors que des tiges de maïs hissaient des têtes de soie jusqu'à la lune
le rêve du Montana glissait sur le bord des plaines jusqu'à son extrémité
La vision ligotée, faite pour se regarder elle-même
Pas joliment, pas joliment du tout
Davantage d'animaux domestiques et de cupidité
Pas le chanter très bon
Pas la chanson de la profondeur du rêve
De retour aux pots et aux casseroles
et aux « regardons-le » et « le voici »
l'ordinaire inchangé

Vous vous attendez à ce que je bravo ce rétrécissement
Vous vous attendez à ce que je m'assieds comme une gentille fille
à ce que je chante le tyrolien comme les fibres du tapis, comme le guichetier de la banque
hourra cette stupeur
que le vent ait été supprimé de l'orage
le sorcier exilé de son fût
que chaque jour rien ne puisse arriver
que les lignes de mire se figent sur Duco Cement
et ce qui m'est arrivé dans la salle de bains,
à faire des galipettes dans des rues bordées de magnolias ?
Vous chantez à propos de cette pomme de terre que vous appelez réalité
si vous pouvez, si vous pouvez honnêtement
et vous vous sentez reconnaissant de n'être pas
vous savez, mourant de faim d'un appétit atténué

      Zelda, Zelda, Zelda. Là, là. Maintenant, maintenant.
      Calmons-la
      Elle avait juste le cœur brisé à cause de quelque chose
      que la thérapie aurait pu soigner, ou un homme bon ou une éducation
      Si seulement quelqu'un lui avait dit
      que la République a ce qu'elle a toujours voulu :
      l'approbation officielle que tout va « BIEN »
      Quel était son problème, finalement ?

Si tout ce qui est vaste est contenu, défini
Si le processus de la vie est fissuré, le mystère résolu
Si ma trajectoire est si ordonnée et classifiée elle est dépourvue
      de tout ce qu'il y avait de précieux en elle
Si même le magique brutal de ma tête est une propriété institutionnelle
Je n'en crache pas moins sur votre ordinaire
Je n'en crache pas moins sur votre normal
Je n'en crache pas moins sur les noms que vous donnez à toute chose
car je suis allée jusqu'au précipice et suis tombée
et je crois en la promesse de l'air

      Oh, de quoi parle-t-elle maintenant ?
      Vraiment. Elle est devenue bien ennuyeuse, n'est-ce pas ?

Vos noms sont des excuses pour ne pas avoir réussi à rêver
Vos noms sont ceux d'idoles pour vous protéger de l'incertitude
Vous qui avez peur de ressentir et peur d'échouer
peur de donner une forme à vos pensées
Je vous appelle lâches, et à mes amis je dis
Prenez garde aux geôliers de la perception

      Bon, la simple vérité est qu'elle n'avait pas d'amis
      Pauvre femme. Emplie d'illusions

Cet éclat qu'elle voulait - un désastre total
Urticaire et eczéma plutôt
Elle buvait trop
grossit, devint folle
moche du jour au lendemain (Hemingway l'a dit)
eut trop de gueules de bois
ne faisait pas, bon, vous savez, elle ne le faisait simplement pas
mais j'ai remarqué dans les livres, dans les livres poussiéreux
sur la page morte, là parmi la litanie des cadavres
un détail qui a dû être passé sous silence :
une vraie femme bien vivante est partie en fumée
minuit, le 10 mars, 1948, c'est bien ça ?

Philip Daughtry

Proposition 15 Reading ~ Philip Suntree
Rhodes 76

Philip Daughtry (aka Suntree) - was born in 1942 near Newcastle-upon-Tyne, England and is related to the legendary Old West American outlaws Frank and Jesse James. He migrated to Canada in 1957 and then to the United States, where he attended college at the University of Denver and then the University of California at Irvine, traveling in those early years to places such as Brazil, Finland, and Central America before coming to the San Francisco Bay Area and settling in Berkeley. In 1975, he met Thomas Crowe, which began his association with *Beatitude* magazine. He edited, with Ken Wainio, issue # 26 of *Beatitude* in 1977. His poetry was published during those years in such publications as *City Lights Review, Co-Evolution Quarterly, Whole Earth Catalog, Coyote's Journal, Beatitude, LoveLights, Vanishing Cab* and *Kuksu*. With close ties to Gary Snyder and the *Kuksu* poets along the North San Juan Ridge, he connected the communities of North Beach and Nevada City to bring a more rural influence and voice into the 2nd Renaissance scene. During these years two books of his poetry were published: *The Stray Moon* and *Kid Negredo*. Following his Berkeley years, he lived for a time in the Nevada City, California area before moving permanently to Southern California and the Los Angeles area. He has worked as a lecturer at the Lucas Film School, as professor of English & Environmental Studies at Santa Monica College, and as a writer of film scripts. In 1995, his collection of Selected Poems (*Celtic Blood*) was published by New Native Press. He currently lives in Topanga canyon in Topanga, California.

Philip Daughtry (alias Suntree) - est né en 1942 près de Newcastle-upon-Tyne, en Angleterre et a des liens de parenté avec les légendaires hors-la-loi du vieux ouest américain Frank et Jesse James. Il immigra au canada en 1957 et puis aux Etats Unis, où il étudia à l'Université de Denver et puis à l'Université de Californie à Irvine, voyageant ces années-là au Brésil, en Finlande et en Amérique Centrale avant de se rendre à la Bay Area de San Francisco et de s'installer à Berkeley. En 1975, il rencontra Thomas Crowe, ce qui fit naître sa collaboration avec la revue *Beatitude*. Il édita, avec Ken Wainio, le numéro 26 de *Beatitude en* 1977. Sa poésie fut publiée ces années-là dans des revues telles que *City Lights Review, Co-Evolution Quarterly, Whole Earth Catalog, Coyote's Journal, Beatitude, LoveLights, Vanishing Cab* et *Kuksu*. Très proche de Gary Snyder et des poètes de *Kuksu* de North San Juan Ridge, il fit le lien entre les communautés de North Beach et de Nevada City pour apporter une influence et une voix plus rurales à la scène de la Seconde Renaissance. Lors de cette période, deux livres de sa poésie furent publiés : *The Stray Moon* et *Kid Negredo*. Après Berkeley, il vécut quelque temps à Nevada City, dans les environs de la Californie avant de s'installer de manière permanente dans le sud de la Californie et dans les environs de Los Angeles. Il a travaillé comme séminariste à la Lucas Film School, il fut aussi professeur d'anglais et d'études environnementales au Santa Monica College, et aussi scénariste. En 1995, son recueil Selected Poems (*Celtic Blood*) fut publié par New Native Press. Philip Daughtry vit actuellement à Topanga, Californie.

NUCLEAR WASTE

Look for me in shadows
where ghostly, sperm furls in the night
a cumulus of fishes
nets where scholars
split atoms of tumbling light
look for me flying over rooftops
in dreams of a thief
finding nothing to take, nothing to give
look for me through eyes
of your final children
look for me in frozen solitude
of your kitchen door
look for me in the shuffle
of a starving horse
look for me as you look for infinity
before each sleep
look for me because fingers
re-appear at edges of the knife
look for me in dishwater
solidified to dread
look for me in varicose rivers
sunk beneath your city
look for me through windows
where the sky opens its own mind
cogs grind in your spine
and salamanders writhe beneath them
look for me clinging
to earth's lost raft
look for me on your own star
that dream to pierce your skin
look for me when judges remove black robes
look for me in your bones
search them, discover their wings
luminous beds under fallen trees
where small grubs breathe
explore the galaxy that is your body
because death has power of air
men steal darkness
speak lies about the moon
and like gold, the earth's flesh burns.

Beatitude #24, 1975

DÉCHET NUCLÉAIRE

Cherche-moi dans les ombres
où spectral, le sperme s'érige et fuse dans la nuit
un cumulus de poissons
des filets où des écoliers
désintègrent des atomes de lumière culbutante
cherche-moi volant au-dessus des toits
dans les rêves d'un voleur
ne trouvant rien à prendre, rien à donner
cherche-moi au travers des yeux
de ton dernier enfant
cherche-moi dans la solitude gelée
de la porte de ta cuisine
cherche-moi dans le pas traînant
d'un cheval affamé
cherche-moi alors que tu cherches l'infini
avant chaque nuit de sommeil
cherche-moi parce que les doigts
réapparaissent sur les bords du couteau
cherche-moi dans l'eau de la vaisselle
solidifiée à en être crainte
cherche-moi dans les rivières variqueuses
dissimulées sous ta ville
cherche-moi au travers des fenêtres
où le ciel ouvre son propre esprit
des rouages broient ta colonne vertébrale
et des salamandres se tordent de douleur en leur dessous
cherche-moi me cramponnant
au radeau égaré de la terre
cherche-moi sur ta propre étoile
ce rêve pour percer ta peau
cherche-moi lorsque les juges enlèvent leurs toges noires
cherche-moi dans tes os
fouille-les, découvre leurs ailes
lits lumineux sous des arbres tombés
où de petites larves respirent
explore la galaxie qui est ton corps
car la mort a le pouvoir de l'air
les hommes dérobent l'obscurité
disent des mensonges au sujet de la lune
et comme l'or, la chair de la terre brûle.

TO LIVE BY THE SEA

Some days collapsing
heavy enough
to throw bones on the ground
I drift
with the man
who threw himself
from the tallest building
up there he could see
Earth had a crust
he longed to break through
the crowd
wanted him to fall
from the highest place
JUMP they said
JUMP THROUGH THE CEMENT
and when he came down
broken as a gallon of wine
people ran
to see his fists closing
and from their hands
I am falling
falling
miles through the salty grass.

Beatitude #26, 1977

VIVRE AU BORD DE LA MER

Certains jours m'écroulant
pour de bon
à en laisser mes os sur le carreau
je dérive
avec l'homme
qui se jeta
de l'immeuble le plus haut
là-haut il pouvait voir
que la Terre avait une croûte
qu'il lui tardait de tanspercer
la foule
voulait qu'il tombe
de l'endroit le plus haut
SAUTE disaient-ils
SAUTE ET TRAVERSE LE CIMENT
et lorsqu'il atteignit le sol
cassé comme un gallon de vin

les gens coururent
pour voir ses poings se fermer
et de leurs mains
je tombe
tombe
des kilomètres au travers de l'herbe salée.

Philip Daughtry & Thomas Crowe, 1978

THE GENESIS OF MIRRORS

Suntree and his brothers
      tied her in a mirror and the mirror
      is a shifting
      sea framed in seasons
a body
stripped and shot on a frosty day
    so words spiral
    from holes in her face
    and sunset erases silence from each
hour making
moonlight a weeping that pretends sleep
she vanishes
in a sea where children swallow
innermost whispers as milk
   and dissolves in spend-sucked regions
   of fear
   where lust creates a heart
   exploding,
fierce testament
to shark-suited manmakers of Gods
who solitary
iron-handed
          spin their dull stick
man-naming women who float off flame
wanderers
     dreaming
       a genesis of mirrors.

Beatitude #22, 1975

LA GENÈSE DES MIROIRS

Suntree et ses frères
      l'ont ligotée à un miroir et le miroir
      est une mer se déplaçant
      façonnée dans les saisons
un corps
dénudé et abattu en un jour glacial
    alors les mots spiralent
    depuis les trous de son visage
    et le coucher de soleil efface le silence de chaque
heure faisant
du clair de lune une pleureuse qui prétend dormir
elle s'évanouit
dans une mer où les enfants avalent
leurs plus intimes chuchotements comme du lait

et se dissout dans des régions aspirées par
  la crainte
  où la luxure crée un cœur
  explosant,
rude révélation
pour les Dieux faiseurs d'homme en costumes de peaux de requins
qui dans la solitude
avec une main de fer
                    font tournoyer leurs lourdes cannes
mainmise des hommes sur les femmes qui dépendent des flammes
vagabonds
              rêvants
                    de la genèse des miroirs.

NEVSKY PROSPECT

Esenin, Esenin,
I am here in the light around you
in love again with ice,
the cold flung from your heart
bears clinging to my neck.
Esenin,
your city spits columns,
ballerinas who walk on lakes.
When I steal your books,
the letter R smokes,
the village of my childhood
is invaded by salmon, and
I am instantly a poet of people
hustling America
with ears that fly away to sea.
Even my arms
raised all day to miles of paint
discover they are after all
only two hungry birds
and remember Leningrad
as the bow of a frozen ship whose
snowfooted sailors
hunt in the forest
to discover me
undressing that Kazakh,
freezing us with eyes like wolves.

(Leningrad, 1973)

Beatitude #25, 1976

NEVSKY PROSPECT

Essénine, Essénine,
je suis ici dans la lumière autour de toi
de nouveau amoureux de la glace,
le froid propulsé de ton cœur
des ours s'agrippant à mon cou.
Essénine,
ta ville crache des colonnes,
des ballerines qui marchent sur des lacs.
Lorsque je vole tes livres,
la lettre R fume,
le village de mon enfance
est envahi par des saumons, et
je suis à l'instant un poète du peuple

qui bouscule l'Amérique
avec des oreilles qui s'envolent vers la mer.
Même mes bras
levés toute la journée vers des kilomètres de peinture
découvrent qu'ils ne sont après tout
que deux oiseaux énervés
et se souviennent de Leningrad
telle la proue d'un navire gelé dont
les marins avec leurs chaussures de neige
chassent dans la forêt
pour me découvrir
en train de dévêtir ce Kazakh,
nous glaçant avec des yeux de loups.

FRANK & JESSE

I want to rob banks again.
To take
the certainty from men in suits
whose boundaries
stop at a blade of grass
because their old world
needs cash to contain souls.
I have no guns
and in a heartbeat I too
am dead, but birds
are my friends and the eyes of the poor
burn fierce as the sun.

1975

FRANK & JESSE

Je veux de nouveau piller des banques.
Prendre
la certitude des hommes en costume
dont les frontières
s'arrêtent au brin d'herbe
car leur vieux monde
a besoin de cash pour contenir l'âme.
Je n'ai pas de pistolet
et dans un battement de cœur moi aussi je
suis mort, mais les oiseaux
sont mes amis et les yeux du pauvre
brûlent ardemment comme le soleil.

Kristen Wetterhahn

Kristen Wetterhahn - as the muse for the Baby Beats cadre, her European-inspired femme fatale presence added a much-needed femininity and artistic sophistication to the precarious balance which was otherwise very male and top-heavy. As a collaborative and cohabiting partner to Jack Hirschman during the 1970s, Kristen's drawings and paintings often found their way into the pages and onto the covers of Hirschman's books, as they did into the pages of *Beatitude* magazine, books and posters for readings and rallies staged by the group. Her "napkin portraits" of North Beach poets and characters were celebrated in one-woman shows in pubs and cafes all over the east end of town. As a poet, her water-like, meta-lyrical poems mesmerized audiences during the decade of the *Beatitude* reign in San Francisco Nothing like them has been done before, or since. As they are patently oral in nature, no far-sighted publisher has risen to the occasion to collect and publish a volume of her work. During the 1970s, her poems were published in *Beatitude, LoveLights,* and *Deserted X.* Her drawings appeared in *Beatitude, Vanishing Cab,* and other publications. She, with Jack Hirschman, edited the # 23 issue of *Beatitude* in 1976. She continues to live and work in San Francisco.

Kristen Wetterhahn - fut la muse du mouvement Baby Beat, collaborant et vivant avec Jack Hirschman durant les années 1970, sa présence de femme fatale inspirée par l'Europe ajoutant un raffinement féminin et artistique qui fut très utile à l'équilibre précaire du groupe qui était très mâle et prêt à céder. Ses dessins et peintures illustrèrent souvent les pages et les couvertures des livres de Jack Hirschman, ainsi que les pages de la revue *Beatitude*, les livres et les affiches des lectures et rassemblements organisés par le groupe. Ses portraits sur dessous-de-verres des poètes et personnages de North Beach furent mis en avant dans des one-woman shows dans des pubs et des cafés du bout de l'est de la ville. Comme poétesse, ses poèmes méta-lyriques et semblables à l'eau hypnotisaient les auditeurs durant la décennie du règne de *Beatitude* à San Francisco. Rien de comparable n'avait été fait avant, ou depuis. Malgré cela et peut-être aussi à cause de l'oralité de son travail, aucun éditeur visionnaire n'a sauté sur l'occasion pour réunir et publier un recueil de son œuvre. Durant les années 1970, ses poèmes furent publiés dans *Beatitude, LoveLights,* et *Deserted X.* Ses dessins apparurent dans *Beatitude, Vanishing Cab,* et d'autres publications. Elle édita, avec Jack Hirschman, le numéro 23 de *Beatitude* en 1976. Elle continue à vivre et à travailler à San Francisco.

MAY IDLE

may idles,
ablaze,
and viscous
            in the absence
                  of breeze,
epoxy
hours
fly
           humming, nasal
                siestas.

                  Wild lava the field weed oiling
                            pink oils
                          mudra
                        blushes
                            in a prism
                ...blooming   loose skin.

                  of mica glint
                sweat in petal
        apparels
      limp
      to me in
      torsion wet
as

I step
in the room

where you lay
a well on

day,
neither,
stir,
nor writhe,

opened as sound
asleep

almond
long your naked
having

given lips
to blankets

183

other sway

Beatitude #25, 1976

MAI DÉSŒUVRÉ

mai se désœuvre,
enflammé,
et visqueux
        en l'absence
           de brise,
époxy
heures
mouche
        bourdonnante, nasale
           siestas.

        Lave sauvage mauvaises herbes du champ huilant
           huiles roses
           mudra
           rougeurs
           dans un prisme
    ...fleurissant   peau flasque.

    reflet de mica
    sueur dans le pétale
    vêtements
    boitillent
    vers moi en
    torsion mouillée

alors que

j'entre
dans la chambre

où tu es couché
une source d'eau te recouvrant

jour,
ne,
remues,
ni ne frémis,

ouvert comme le son
endormi

184

amande
long de ton nu
ayant

donné   lèvres
aux couvertures

autre va-et-vient

Proposition 15 Rally, Union Square Park, San Francisco, 1976

From left - à partir de la gauche, Kristen Wetterhahn (seated - placée), Jack Hirschman,

Thomas Crowe, Joan Ariessohn, Neeli Cherkovsky(seated - placé), David Meltzer, Diane di Prima,

Philip Daughtry (in back - en arrière), Peter Pussydog (seated - placé)

IN THE ONE SAME

I.

                                                    Late
                                                    empty stares
                                                    wither inside

                                                    my symmetries
                                                    press

ash shambles a floor's cold
cream linoleum,

and intervals of going out,

                              in oval alleys
                                      of sounds
                                          take a leak on

            concrete
            snail shell   decays
            and the ancient
            abaci
            rows of
            pigeons   watch City Lights
                                      'cross the street.

II.
When we left,
then when we walked in sundown,

                                    a notion of fixed stars
                                              (you said)

in silvering dark
near the skeletal shadow
            a redwood   had
                              slung his death
                              on the back of itinerant
                                              wind
over a range...
                  I quote you
                  and you gather

                  slow in wood wind
                  largo

                  I come to your you
                  remaining hermit

                  barely room
                  in the one same

we live on
eventual

the ventriloquil
love

III.
Come to the rim,
and run down the ridge of
                    my come,
                              there,
                my lavender shivers
                    on the heather's
                              spine,
                              in our vase,
                              of a night when,
          my maps climbing on you
              query me in one of

                    many seas...
                    I touched your hollows softing
                    where you'd been borrowed from,
                                        shilled,
                          from the bars of

                    descant on the shelves of
                    a second
                    hand
                    shop.
                              maroon velvet fades
                              dense with use
                    squat
                    in cheap wine's
                    dry cunt
                    squint
                          to shape one essential shape.

IV.
Pressed in the alone again crowded,
as back to embryo we ball and roll our parts   apart
                                        tender wet   with
                                              and   you

                    smoothing back
                    my hair loosed   awkwarding
                                              falls

187

you are rose
young

since...

you sat down in my upheld
counter,
the cafe,
the we shearing stress in bed
lay,
flat,
skipping stones of braille listen
to the fog
horns goiter
in mute nights.

Beatitude #24, 1976

DANS L'AUTRE QUI EST LE MÊME

I.

Tard
regards fixes et vides
s'atrophient à l'intérieur

mes symétries
pressent

la cendre pagaille un sol froid
crème linoléum,

et intervalles de sortie,

dans des allées ovales
de sons
soulage-toi sur

le bitume
coquille d'escargot   se décompose
et les anciens
abaques
rangées de
pigeons   regardent City Lights
de l'autre côté de la rue.

II.
Lorsque nous sommes partis,
puis lorsque nous avons marché au coucher de soleil,

une notion d'étoiles fixées
(tu as dit)

dans l'obscur devenant argenté

près de l'ombre squelettique
        un séquoia   avait

                        suspendu sa mort
                        au dos d'un vent itinérant

sur une plaine...

                        je te cite
                        et tu assembles

                        doucement dans le vent du bois
                        largo

                        je viens à ton toi
                        demeurant un ermite

                        tout juste la place
                        dans l'autre qui est le même

                        par lequel nous vivons
                        un jour ou l'autre

                        l'amour
                        ventriloque

III.

Viens au verger,
et parcours la crête de

           ma semence,
                là,
           ma lavande tremble
                sur les épines
                des bruyères,
                dans notre vase,
                d'une nuit lorsque,
           mes plans grimpant sur toi
                m'interrogent dans une des

                  nombreuses mers...
                j'ai touché tes creux douceants
                        d'où tu avais été emprunté,
                              viré,
                  des bars à

                causeries sur les étagères d'un
                magasin
                d'occasions.

                      velours bordeaux déteint
                      dense avec us

accroupie
dans le con sec
de la vinasse
strabisme

                                          pour former une forme essentielle.

IV.

Pressés dans la solitude bien qu'entourés,
alors que de retour à l'embryon nous forniquons et nous nous enroulons

                                        nos membres démembrés
                                        tendres mouillés   avec
                                            et   toi

            lissant
            mes cheveux détachés   maladroitant
                                          chutes
                                        tu es une rose
                                        jeune
        depuis...
            tu es assis sur mon comptoir à contestation
            perché dans les airs,
            le café,
            le nous tondant le stress au lit
            couchons,
            à plat,
            d'esquivantes pierres de braille écoutent
            le brouillard
            des cornes goitrent
            en de muettes nuits.

PLI SELON PLIS

1.

How early now
mid November's
      warm blaze is seeping thru
              night's twigs
        lemming a fragile canary's
              yellow
          in the maple leaves
only fewer days now
before we notice another
nest bare   and the branches
             stark
    divisions

2.

             the wrinkles
in the face first
attracted me
      where I went on in the eyes
      a certain autumn aura
      of extreme swollen stillness
          that pointal lisp
            before a pivot
(you were about to turn before we were) we

3.

    still are
a year now
formed on the streets often

          ocean wave rolling under spray
          our interiors as we swallow
             haphazardly around
           you moving in lumber
            mansions   in your own adjacence
              a shuffle   and halt
                 as if your eye caught

      a book
    I remember finding
    a monarch pressed
          agate-wing-open

4.

in the folds
          unattached harvest
           hay stack

a season to gather a sprawling gesture

        within
     I tolerate you as a shy anchor
that my arms be full
       of the poem's light
   and won't wither
     in fall that bends
         the shoulder
         blades of grass
         and sunsray

Beatitude #23, 1976

PLI SELON PLIS

1.
Si tôt maintenant
la chaude flamme
     de mi-novembre
         s'infiltre dans les brindilles de la nuit
      lemming le jaune
           d'un canari fragile
       dans les feuilles de l'érable
seulement quelques jours maintenant
avant que nous remarquions un autre
nid dénudé   et les divisions
               rigoureuses
     des branches

2.
     les rides
sur le visage m'ont
d'abord attirée
         là où j'ai poursuivi dans les yeux
        une certaine aura d'automne
        d'extrême immobilité exagérée
          ce zézaiement pointé
         devant un pivot

(tu étais sur le point de tourner avant nous) nous

3.

      sommes encore
une année maintenant
formés dans les rues souvent

      vague d'océan roulant sous le jet
      nos intérieurs alors que nous avalons
             par hasard autour
         de toi qui te déplaces d'un pas lourd
         dans des demeures en bois   dans ta propre adjacence
           un piétinement   et une halte
             comme si ton œil attrapait

      un livre
je me souviens avoir trouvé
un papillon monarch aplati
         agate-aile-ouverte

4.

      dans les plis
         récolte sans attache
         meule de foin

      une saison pour rassembler un geste s'éparpillant

           au-dedans
      je te tolère comme une ancre timide
que mes bras soient emplis
         de la lumière du poème
      et ne s'atrophient pas
       dans l'automne qui tord
             l'épaule
            des brins d'herbe
            et des rayons du soleil

Jerry Estrin

Jerry Estrin - born in Los Angeles, California, in 1947, and before arriving in San Francisco during the 1970s, was a draft-dodger in Mexico and a teacher in upstate New York. He was a taxicab driver during the decade of the 70s and for many years thereafter. Along with Ken Wainio and others such as Larry Sparks and Stephen Schwartz, he befriended Greek expatriot surrealist poet Nanos Valaoritis at San Francisco State University—who became a major influence on his writing. In 1975, along with Ken Wainio, he founded *Vanishing Cab* magazine, which had a decidedly surrealist bent. During these years his poems were published in such San Francisco publications as *Beatitude, LoveLights, Deserted X* and *Bastard Angel*. In 1978, he co-authored a collection of poems with Ken Wainio titled *My Nakedness Creates You* (Sternum Press). Following the decade of the 2nd Renaissance, he founded a magazine called *Art & Con*, worked for Anchor Steam Beer, and was author of four books of poetry. He continued to live in San Francisco where he died at the early age of 47 of adrenal cancer in 1993.

Jerry Estrin - né à Los Angeles, Californie, en 1947, et avant d'arriver à San Francisco dans les années 1970, fut déserteur avant l'heure en fuyant au Mexique puis enseigna dans l'état de New York. Il fut chauffeur de taxi dans les années 70 et bien après. Avec Ken Wainio et d'autres tels que Larry Sparks et Stephen Schwartz, il se lia d'amitié avec le poète surréaliste grec et expatrié Nanos Valaoritis à l'Université d'État de San Francisco - qui eut une influence majeure sur son écriture. En 1975, il fonda avec Ken Wainio la revue *Vanishing Cab* qui avait un penchant surréaliste marqué. Durant ces années-là, ses poèmes furent publiés dans des revues de San Francisco telles que *Beatitude, LoveLights, Deserted X* et *Bastard Angel*. En 1978, il fut co-auteur avec Ken Wainio du recueil de poèmes intitulé *My Nakedness Creates You* (Sternum Press). Après la décennie de la Seconde Renaissance, il fonda une revue surnommée *Art & Con*, travailla pour Anchor Steam Beer, et fut l'auteur de quatre livres de poésie. Il continua à vivre à San Francisco où il mourut prématurément en 1993, à l'âge de 47 ans, d'un cancer des glandes surrénales.

GERARD DE NERVAL

Dancing on the lip of the pond
balanced over shimmering water lilies
Aurelia died like a spark
A corpse made of leaves
fell on the roots of the big oak,
scattered itself in the mist
He saw the folds of her dress
and her face, covered with roses
fading into the sky where a red moon fell
a puppet, like him
dangled from blue strings

He set about constructing windows
furnaces to bake the morning air
and wrote newspaper articles to his friends
sending painted messages

to recreate her out of ash
to drown like her in the pond
he swam in the blueness of her room
floated among dark rocks,
ships stuck in the granite of another soul

How to break through the blind ?
How to poke the finger out of the glove ?

With your hands pieces of stars
with your white gloves of sand
with your cells rooms of red flesh
with your bones clouds of hammers
you whirl in a tower, sleeping in the noose
Gerard, sing through your corpse of pain

My Nakedness Creates You (Sternum, 1978)

GÉRARD DE NERVAL

Dansant sur le bord de l'étang
balancée au-dessus de scintillants nénuphars
Aurélia est morte comme une étincelle
Un cadavre fait de feuilles
tomba sur les racines du grand chêne,
s'éparpilla dans la brume
Il vit les plis de sa robe
et son visage, couvert de roses
fanant dans le ciel où une lune rouge tombait

une marionnette, comme lui
pendillait à des cordes bleues

Il se mit à construire des fenêtres
des fourneaux pour cuire l'air matinal
et écrivit des articles de journaux pour ses amis
envoyant des messages peints

pour la recréer à partir de la cendre
pour se noyer comme elle dans l'étang
il nagea dans la tristesse de sa chambre
flotta parmi les sombres rochers,
navires coincés dans le granit d'une autre âme

Comment se dégager de l'embuscade ?
Comment transpercer le gant avec le doigt ?

Avec tes mains bouts d'étoiles
avec tes gants blancs de sable
avec tes cellules chambres de chair rouge
avec tes os nuages de marteaux
tu tourbillonnes dans une tour, dormant dans le nœud coulant
Gérard, fais chanter ton cadavre de douleur

GIFT

take me to the pasture
that green mother
her breasts of rocks
   and stars along
her hips
   tears
in her vagina and the
    volcanoes
rising through the
night

Beatitude #21, 1975

CADEAU

mène-moi au pâturage
cette mère verte
ses seins de rocs
   et des étoiles le long
de ses hanches
    larmes
dans son vagin et les
    volcans
se dressant au travers de la
nuit

IN THE COLD CITY

I am always under the canopy of heaven.
If I notice the trickle of a creek under the paved street, I drink.
And the invisible becomes visible in the icy sheet of my face.
I am a gorilla lying under this bench !
Fires of the street burn me, my flesh smokes with illusion.
But I see.
I return to the street - ash.
I haunt the nostrils, I am swept along.

Beatitude #26, 1977

DANS LA VILLE FROIDE

Je suis toujours sous la voûte du paradis.
Si je remarque un filet d'eau sous la rue pavée, je bois.
Et l'invisible devient visible dans le voile glacé de mon visage.
Je suis un gorille gisant sous ce banc !
Les feux de la rue me brûlent, ma chair fume d'illusion.
Mais je vois.
Je retourne dans la rue - cendre.
J'hante les narines, je suis balayé.

INTERNAL COMBUSTION

I remember when the tire
of the race car spun out of me
Fire itched its brain
Birds wept in its coffin of steel
The engine prayed
and became a rose
Then water smiled like a whore
Undressed for a second
the instants fled
Glass of the shattered window
flew back together
and there was no need
to go anywhere

My Nakedness Creates You (Sternum, 1978)

COMBUSTION INTERNE

Je me souviens lorsque la roue
de la voiture de course se décrocha de moi en tournoyant
Le feu lui grattait le cerveau
Les oiseaux pleuraient dans son cercueil d'acier
Le moteur priait
et devint une rose
Puis l'eau souria comme une pute
Dévêtue pendant une seconde
les instants fuyaient
Le verre de la fenêtre brisée
se reconstituait à coups d'ailes
et il n'y avait aucun besoin
d'aller nulle part

THE MUSE

She rides on the street. There are no hitch hikers
anymore since she's appropriated all their visions.
There are only shadows, light drops of electricity
on the sunken walls. The windows are covered with black capes.
There is the music of silence.
This is the silence that haunts my ear, the inner ear,
when the belly tilts as the street tilts :
demented reality.
The steps are torn and she goes up.
The roof is condemned but no matter,
the sky is black. It's hawk feathers rain upon
her. She holds its claw.

Where are the stones to fling at police ?
Where are the boots that danced ?

Children follow her in the street of flowers.
Mermaids crawl from the windows and hide behind bars.
She holds a glass of poison to the sick gorillas,
their tongues in her mouth. The tongues
which she keeps in her coloring books.

Here is an interesting store. The windows are hair.
What can I do for you ? she asks the proprietor.
What can I do for you ?

Beatitude #23, 1976

LA MUSE

Elle se promène dans la rue. Il n'y a plus d'auto-
stoppeurs depuis qu'elle s'est appropriée toutes leurs visions.
Il n'y a que des ombres, légères gouttes d'électricité
sur les murs enfouis. Les fenêtres sont couvertes de capes noires.
Il y a la musique du silence.
Il y a le silence qui hante l'oreille, l'intérieur de l'oreille,
lorsque le ventre bascule comme la rue bascule :
réalité démente.
Les marches sont arrachées et elle monte.
Le toit est condamné mais peu importe,
le ciel est noir. C'est une pluie de plumes de vautour
sur elle. Elle tient ses serres.

Où sont les pierres à balancer sur la police ?
Où sont les bottes qui dansèrent ?

Des enfants la suivent dans la rue aux fleurs.
Des sirènes rampent au milieu des fenêtres et se cachent derrière les barreaux.
Elle donne un verre de poison aux gorilles malades,
leurs langues dans sa bouche. Les langues
qu'elle garde dans ses livres à colorier.

Voici un magasin intéressant. Les fenêtres sont des cheveux.
Que puis-je faire pour vous ? demande-t-elle au propriétaire.
Que puis-je faire pour vous ?

THE SUBWAY MAN

    Gradually enough wood for a fire was ready.
The crowd grew uneasy as little drops of the man
hissed and smoked on the concrete. Would he be
ready to lie down, one wondered, when there was
nothing left of him but a cross ? He began plucking
out his heart like a small log. I offered to buy
this from him so that he might stop. I could not
speak his language but by tapping at my own hollowness,
I made him understand. Gunshots echoed between us,
cracking through the emptiness of the crowd. The people
moved back, appearing to regard my entry as planned,
written. Spontaneous interruptions of the flesh.
I wanted his heart. I wanted his knife to stop.
A fiddle player moved around us and someone placed a
bench under his thigh so that he stood there, braced,
artificially, like a statue. Could he speak ? Again
the guns echoed between us. His mouth puckered. His
wooden teeth splattered on the ground and ignited like
coffins. Seen from a huge window in the sky, his eyes
regarded himself. Scared, a child moved his teeth
slowly in a circle around the fire while I stood up
to extract his heart. It came out quite easily, stale
and brittle. Earth broke in my hands as I shook it.
It answered in myself. It answered by the strength of
my grip on its arteries, which was not a grip at all but
an invisible retreat which never quite left its place
of rest. My hands were dizzy, birds arching back against
the wind. Like a mine my thoughts exploded. Was it
the outside world ?

Vanishing Cab #2, 1977

L'HOMME DU MÉTRO

    À une cadence suffisante le bois pour faire un feu fut prêt.
La foule devint anxieuse alors que les petites gouttes
de l'homme sifflaient et fumaient sur la béton. Serait-il
prêt à s'allonger, pouvait-on se demander, alors que de lui
ne restait rien à part une croix ? Il se mit à arracher son cœur
comme une petite branche. Je lui proposai de le lui acheter
afin qu'il s'arrête. Je ne parlais pas son langage mais en
tapotant ma propre cavité, je lui fis comprendre. Des coups
de feu faisaient écho entre nous, claquant au travers du
vide de la foule. Les gens reculaient, ayant l'air d'estimer
que mon entrée était planifiée, écrite. Interruptions spontanées

de la chair. Je voulais son cœur. Je voulais que son couteau
cesse. Un joueur de violon se déplaçait autour de nous et
quelqu'un plaça un banc sous sa cuisse pour qu'il se tienne
là, soutenu, artificiellement, comme une statue. Pouvait-il
parler ? Les pistolets continuaient de faire écho entre nous.
Sa bouche se contracta. Ses dents de bois clapotèrent sur
le sol et s'enflammèrent comme des cercueils. Vus d'une
immense fenêtre dans le ciel, ses yeux le regardaient. Effrayé,
un enfant bougea doucement ses dents circulant autour du feu
pendant que je me tenais debout pour extraire son cœur.
Il sortit assez facilement, rabougri et friable. La terre se
dispersa dans mes mains alors que je la remuais. Ça répondait
à ma question. Ça lui répondait par la force de mon étreinte sur
ses artères, qui n'était pas du tout une étreinte mais une retraite
invisible qui ne quitta jamais vraiment son aire de repos. Mes
mains avaient le vertige, les oiseaux s'arc-boutant
contre le vent. Comme une mine mes pensées explosèrent.
Etait-ce le monde extérieur ?

Roderick Iverson

Roderick Iverson - was born in 1950 and took his secondary education in Europe (France and Vienna), then spending time at Reed College before making his way to San Francisco, where he reinvented himself as a sort of post-modern American Samuel Beckett figure. While his poems appeared in publications such as *Beatitude*, *LoveLights* and *Vanishing Cab*, it wasn't until 1983 that a first book *(The Puerto Angel Poems)* of his poetry was published by Deep Forest Press in Virginia—of poems written during the 1970s and 1980s in Mexico. Following were books *Joan of Arc & Rip Van Winkle* (Deep Forest Press) and *Progress of the Minoan Wars* (Azimuth/Lacuna Arts). Uncollected work has appeared in various journals in the U.S. and Europe—such as *Greges* in Montpellier, France. Following the decade of the 2nd Renaissance in San Francisco, he enrolled in the New College of California's Master's Program in Poetics with Robert Duncan before moving to southern California where he eventually earned a Phd. at the University of Southern California—all a prelude to several months traveling around the world. Subsequently, he ended up moving to Berlin, Germany where he holds a teaching position at one of the universities, there. His most recent collection of poems, titled *Opelousas*, was published in 1999. A new book of poems *Indra Weave Harbor Blitz* is forthcoming.

Roderick Iverson - est né en 1950, fit ses années de lycée en Europe (France et Vienne), puis passa quelque temps au Reed College avant de se rendre à San Francisco, où il se réinventa lui-même comme une sorte de Samuel Beckett américain post-moderne. Ses poèmes furent publiés dans des revues telles que *Beatitude*, *LoveLights* et *Vanishing Cab*, et ce n'est qu'en 1983 qu'un premier livre *(The Puerto Angel Poems)* de sa poésie fut publié par Deep Forest Press en Virginie - poèmes écrits durant les années 1970 et 1980 au Mexique. Suivirent les livres *Joan of Arc & Rip Van Winkle* (Deep Forest Press) et *Progress of the Minoan Wars* (Azimuth/Lacuna Arts). Certains de ses travaux inédits ont paru dans différentes revues aux USA et en Europe, comme *Grèges* à Montpellier, France. Après la décennie de la Seconde Renaissance à San Francisco, il s'inscrivit au Master's Program in Poetics de Robert Ducan au New College of California avant de s'installer dans le sud de la Californie où il obtint son Doctorat à l'University of Southern California - prélude à plusieurs mois de voyage autour du monde. En conséquence de quoi, il finit par s'installer à Berlin, Allemagne, où il enseigne dans une des universités. Son recueil de poésie le plus récent, intitulé *Opelousas*, fut publié en 1999. Un nouveau livre de poèmes *Indra Weave Harbor Blitz* est sur le point d'être publié.

AND WHAT HAS...

And what has the mystery
of iceplant
to do with the white blood
which hides so silently
in the wishes of her skin ?

Red-flecked green,
tender smile,
and beyond : ocean -
and near : wind, sun.

Beatitude #23, 1976

ET QU'EST-CE QUE...

Et qu'est-ce que le mystère
de la plante de glace
a à voir avec le sang blanc
qui se cache si silencieusement
dans les souhaits de sa peau à elle ?

Vert parsemé de petites taches rouges,
tendre sourire,
et au-delà : océan -
et proche : vent, soleil.

BALLERINA

Ribs of stallion
in the dark museum ;

breasts, together,
hide the light ;

the lizard's head,
the green telephone
wilting beneath her dress -

Her glistening back
as she walks from the shower -

Scorpion and the cold steel -

Her shoes where she left them
by the pillars
of a disappearing temple.

Vanishing Cab #2, 1977

BALLERINE

Côtes d'étalon
dans le musée sombre ;

seins, ensemble,
cachent la lumière ;

la tête du lézard,
le téléphone vert
se flétrient sous sa robe -

Son dos brillant
alors qu'elle sort de la douche -

Scorpion et l'acier froid -

Ses chaussures où elle les laissa
contre les piliers
d'un temple qui disparaît.

from THE PUERTO ANGEL POEMS

*

to light the lantern at dusk
with the remaining match,
to know the smoke...

in stubborn portions
the old skin begins
to fall away

invisible song
splashes skywards
from the beach

in the evening there's a guitar,
a cigarette, a hammock,
the breeze...

O to love what is near,
to stay drunk throughout
the harsh distances of night

*

allumer la lanterne au crépuscule
avec la dernière allumette,
connaître la fumée...

dans des destins inflexibles
la vieille peau commence
à s'estomper

une chanson invisible
éclabousse le ciel
depuis la plage

le soir il y a une guitare,
une cigarette, un hamac,
la brise...

Ô aimer ce qui est proche,
rester ivre d'un bout à l'autre
des distances rêches de la nuit

*

at dawn the scars are sad -
consider : things
may have been other
than they were
but being as they are
they are -
you wonder where
your strength has gone -
in the air :
a pleasing chill,
immediate, clean -
you try to remember yesterday :
it is vague -
you plan for tomorrow :
the plans will change -
at your feet is the city,
the slow bustling, voices
drift up from the street -

the day has a great name
and no voice -
you light a cigarette -
sunlight strikes the wall -
in the distance a bell rings -

*

à l'aube les cicatrices sont tristes -
considère : les choses
auraient pu être autres
que ce qu'elles furent
mais étant ce qu'elles sont
elles sont -
tu te demandes où
ta force s'en est allée -
dans les airs :
une agréable fraîcheur,
franche, nette -
tu essaies de te souvenir d'hier :
c'est vague -
tu planifies le lendemain :
les projets changeront -
à tes pieds se trouve la ville,
le lent remue-ménage, les voix
dérivent depuis la rue -

le jour a un grand nom
et aucune voix -
tu allumes une cigarette -
la lumière du soleil heurte le mur -
au loin une cloche retentit -

*

bitter skull
on a blue acre,
the harsh clouds of winter -

between the music
that can be borrowed
& the more dangerous reign
a window & a chair

a narrow walkway
with elms, with green knives
that scan the hours
in balance of fear

a row of ashen faces
to inhabit this ream of caution,
the stubborn scowls of their madness -

yet strangely still
in the passage of time
their features reverse themselves,
they reveal a splendor

& what burns beyond :
the instinct of refugee insects,
a furious perfume

*

crâne amer
sur un terrain bleu,
les nuages âpres de l'hiver -

entre la musique
qui peut être copiée
& le règne davantage dangereux
une fenêtre & une chaise

une allée étroite
avec des ormes, avec des couteaux verts
qui scrutent les heures
dans l'incertitude de la crainte

une rangée de visages blêmes
pour habiter ce royaume de la prudence,
les mines renfrognées de leur folie -

alors qu'étrangement de nouveau
dans le passage du temps
leurs traits s'inversent,
ils révèlent la splendeur

& ce qui brûle au-delà :
l'instinct d'insectes réfugiés,
un parfum furieux

*

more wisdom
in her body
than to be spoken in words
or sounded in music

and sadly
she doesn't know
or that no reflection
could touch
what she unknowingly lives -

indifferent, she moves
from bed to closet,
from sink to mirror

and in the morning is there
too much or not enough

- between the fire
and the haze
a flurry that echoes
a rush of death

a bitter seed, in silence

and outside, a cautious rain,
as though the world
could cry

*

davantage de sagesse
dans son corps
qui ne peut être contée en mots
ou interprétée en musique

et tristement
elle ne sait pas
ou alors aucune réflexion
ne pourrait toucher
ce qu'elle vit sans le savoir -

indifférente, elle se déplace
du lit aux toilettes,
de l'évier au miroir

et dans la matinée est là
trop ou pas assez

- entre le feu
et la brume
une rafale qui fait écho
une ruée de mort

une graine amère, en silence

et dehors, une pluie avertie,
comme si le monde
pouvait pleurer

*

swirled partially to a new sense
in the lantern silences
witness how pride is hushed

bending beneath a meager brow
watch how contracts are shuffled
how they adopt a range of flavors

witness the diseased backside
the velvet breath
the stale metallic sutures
& the splashing paint

as the resident faces of furniture
quake & shift
witness the november particles

the november particles
that beacon & hinge

note their anchors of flesh
on the brink of a nicotine sky

& surrender
witness the pulsing loom
the shimmering crystal gaze

the airy gravel
of spectral planets

*

lové partiellement en un nouveau sens
dans les silences de la lanterne
observe combien l'orgueil est tu

se courbant sous un sourcil fin
regarde combien les contrats sont confus
combien ils adoptent une ligne de saveurs

observe les fesses malades
le souffle de velours
les sutures métalliques vétustes
& la peinture qui éclabousse

tels les habitants aux gueules de fourniture
tremblement & modification
observe les particules de novembre
les particules de novembre
cette balise & ce gond

remarque leurs ancres de chair
sur le rebord d'un ciel de nicotine

& rends-toi
observe la vague silhouette qui palpite
le regard de cristal scintillant

le gravier aérien
de planètes spectrales

STATIONS

1

unbraved distance,
bitter void

2

sepulchers roused from silence,
the inventions which are demise

3

a woman who stings
by disappearing

4

the friend who destroys
out of goodness

5

glue for travesties,
trinkets for revenge

6

summer when the blood
splashed green

7

aides of mockery who sigh,
bruised in registries of wealth

8

tropical lulls
in touristed corridors

9

the green lady
who inhabits rivers

10

an orange balloon
stamped with the name of heaven

11

a craving to pilfer,
a stomach for harmony

12

elected and parading,
an armor of tinsel,
the vital sarcasm of dreams

13

rain that washed
lipstick from the guillotine
and rusted the badge

14

the feared abrasion
on the uncalled for street

15

painted salutations
in the box car junket

16

tensile crawl in spoons,
harvest of bourbon
in gossamer rounds

17

brave helmet,
stained fleece, horrendous

18

due regard,
the metered stairs of convention

19

starched nylon promises,
the charcoal wind of cities

20

dirigible razor weapons,
the black visa,
mediterranean perfumes in boston

21

kindness parched
in reservoirs of justice

22

the couchable side
made vulnerable to green,
darkly spasmodic, distant invitations

23

trespasses minor and flagrant,
pygmalion foils,
grey dunes attentive
to a whispering ocher

Vanishing Cab #2, 1977

LES STATIONS

1

distance inaffrontée,
vide amer

2

sépulcres éveillés du silence,
les inventions qui sont des échecs

3

une femme qui blesse
en disparaissant

4

l'ami qui détruit
sans bonté

5

colle pour travestis
camelotes pour la revanche

6

l'été où le sang
éclaboussa vert

7

assistants en moquerie qui soupirent,
contusionnés dans les archives de l'opulence

8

accalmie tropicale
dans des couloirs touristés

9

la dame verte
qui habite dans les rivières

10

un ballon orange
estampillé du nom du paradis

11

une folle envie de chiper,
un estomac qui ne digère pas l'harmonie

12

élu et paradant,
une armure de paillettes,
le sarcasme vital des rêves

13

la pluie qui a lavé
le rouge à lèvres de la guillotine
et rouillé l'insigne

14

l'érosion crainte
dans la rue non-dénommée

15

salutations peintes
dans le périple du train de marchandises

16

pas lents extensibles dans des cuillères,
récolte de bourbon
en cercle arachnéen

17

casque brave,
toison tachée, affreuse

18

considération distinguée,
la rectitude de la convention

19

promesses de nylon amidonné
le vent charbon de bois des villes

20

armes-rasoir dirigeables,
le visa noir,
parfums méditerranéens à boston

21

bonté altérée
dans les réservoirs de la justice

22

le côté canapéable
rendu vulnérable au vert,
obscurément spasmodique, invitations distantes

23

offenses mineures et flagrantes,
les déroutes de pygmalion,
dunes grises attentives
à un ocre murmurant

Ken Wainio & Rod Iverson
Greece (Grèce), 1979

Peripheral Poets

Poets, Writers & Artists Contingent or Peripheral to the 1970s
« Baby Beat/Beatitude » group and Important
to the 2nd San Francisco Renaissance.

Poètes, Écrivains & Artistes proches du groupe « Baby Beat/Beatitude » des
années 1970 et Importants à la Seconde Renaissance de San Francisco.

Sympathetic
Alphabet

Barbara Szerlip

JIM DALESSANDRO

WHEN I AM OLD
                          to Michelle Kramer

When I am old, and smiling cross-legged on the park benches
            with the holy ones of obscurity, feeling the warmth
            of autumn and the green carpets of the afternoon
When I am old and remembering the madness of my youth,
            remembering the need to shake and feel all that will
            be shaken and felt
When I am old and laughing on the hilltops of Appalachia
            or the mountains of California, watching the endless
            streams or the oceans below
When I am old, forgetting the faces and remembering the
            warmth, the tenderness, and the grace of the women
            I have loved
When I am old and still longing for peace to ease the
            madness of my world, and know that it has not, yet
            there is still magic and vision for those with the
            courage and the insight to escape their own blindness
When I am old and remembering the love without greed,
            the love that brought tears to the soul, and the
            love that would never die
When I am old and know the answers to the questions
            that are always questioned why, and am still asking
When I am old and feeling the gray afternoon or the
            absence of strength in my former hands, and am
            feeling the love of the young who still love the old
            who haven't lost their dreams

Canary In A Coal Mine (Sanguine Books, 1974)

LORSQUE JE SERAI VIEUX
                          à Michelle Kramer

Lorsque je serai vieux, et sourirai les jambes croisées sur les bancs du parc
            avec les saints de l'obscurité, à ressentir la chaleur
            de l'automne et les tapis verts de l'après-midi
Lorsque je serai vieux et me souviendrai de la folie de ma jeunesse,
            me souvenant du besoin de secouer et de ressentir tout ce qui
            sera secoué et ressenti
Lorsque je serai vieux et rirai sur le sommet des collines des Appalaches
            ou les montagnes de Californie, regardant les ruisseaux
            interminables ou les océans plus bas
Lorsque je serai vieux, oublierai les visages et me souviendrai de la
            chaleur, la tendresse, et la grâce des femmes
            que j'ai aimées

Lorsque je serai vieux et désirerai ardemment que la paix atténue encore la
       folie de mon monde, et saurai que tel n'a pas été le cas, pourtant
       il y a encore la magie et la vision pour ceux qui ont le
       courage et la perspicacité d'échapper à leur propre cécité
Lorsque je serai vieux et me souviendrai de l'amour sans en être avide,
       l'amour qui apportait des larmes à l'âme, et
       l'amour qui ne mourrait jamais
Lorsque je serai vieux et connaîtrai les réponses aux questions
       auxquelles il est toujours demandé pourquoi, et que je me demanderai encore
Lorsque je serai vieux et ressentirai l'après-midi gris ou
       l'absence de force dans mes mains d'antan, et
       ressentirai l'amour des jeunes qui aiment encore les vieux
       qui n'ont pas perdu leurs rêves

ANNE VALLEY FOX

THE TRAPDOOR WHORE

(i)
My feet and ears are pressed
to the trapdoor. They pack with dirt.
I barely breathe, listening
to footsteps : insects
dripping from leaves, fish slapping
water, loaves of bread
plopping softly...
I choose a step that scrapes the earth
like a full coffin, wait
for his knees to buckle above me and
Open ! Close again ! Ah !...
he crashes into my arms.
I bite his lips : he thinks
it's a new kind of kiss. If I move fast
he catches his last breath.
I scheme against my neighbors. I want
them all. I desire no-one.

(ii)
There are days when no-one comes.
I wait like a bomb to be delivered.
I try not to call myself names but rust
creeps from the faucets.
I shake out the sheets & scales fall
like eggshells. My body feeds on itself.
It is not enough.

(iii)
The men come to me weeping.
I hold them, they bathe the stones.
Dollarbills thicken around me
in satin snowbanks. (Death passes faster
when I lie down for him.)
It's a load off their minds to find
they still feel : they leave me
with chorus girls posed on the boughs
of their emptied hearts.
I kneel on the mattress for gravity's lips
to suck me clean. Doubts surround
like dumb children.

(iv)
Sometimes I walk the streets
with a red-tipped cane challenging someone
to fall in love with my blind feet.
I pretend to be what I am.
My negligee tears : I trip in my veils.
What fool would dare penetrate
these lathery lips ?

(v)
I carry my trap on my back.
I have no home. I am the door in the private passage
opening and closing.
Nights when they whisper my name
and their wives stand on elbows tracing
the tunnel their lips make
I can't sleep either :
my body is locked in too many chests.
They can't let me go... my bite,
their secret hope, swells
to enslave. In my nightmares
a stranger frames my face
with his petrified fingers. He utters
my name and I wake up buried

in somebody else's grave

Vanishing Cab #2, 1977

223

LA PUTE DE LA TRAPPE

(i)

Mes pieds et mes oreilles sont pressés
contre la trappe. Ils se tassent avec la terre.
Je respire à peine, écoutant
les pas : insectes
dégoulinant des feuilles, poissons claquant
l'eau, miches de pain
tombant doucement...
Je choisis une marche qui racle la terre
comme un cercueil plein, attends
que ses genoux se tordent au-dessus de moi et
Ouvre ! Referme ! Ah !...
il s'écrase dans me bras.
Je mords ses lèvres : il pense
que c'est un nouveau genre de baiser. Si je remue rapidement
il prend sa dernière respiration.
Je conspire contre mes voisins. Je les
veux tous. Je n'en désire aucun.

(ii)

Il y a des jours où personne ne vient.
J'attends comme une bombe d'être désamorcée.
J'essaie de ne pas m'injurier mais la rouille
se propage sur le robinet.
Je secoue les draps & des peaux mortes tombent
comme des coquilles d'œuf. Mon corps se nourrit de lui-même.
Ça ne suffit pas.

(iii)

Les hommes viennent à moi en pleurant.
Je les soutiens, ils baignent les pierres.
Des liasses de billets s'entassent autour de moi
comme des tas de neige de satin. (La mort passe plus vite
lorsque je m'allonge pour lui.)
C'est un poids en moins dans leurs esprits de réaliser
qu'ils ressentent encore : ils me laissent
avec des choristes posés sur les artères
de leurs cœurs vidés.
Je m'agenouille sur le matelas pour que les lèvres de la gravité
me sucent pour de bon. Des doutes demeurent
comme des enfants muets.

(iv)

Parfois je parcours les rues
avec une canne au bout rouge défiant quelqu'un
de tomber amoureux de mes pieds aveugles.

Je prétends être ce que je suis.
Mon négligé se déchire : je me prends les pieds dans mes voiles.
Quel idiot oserait pénétrer
ces lèvres mousseuses ?

(v)
Je porte ma trappe sur mon dos.
Je n'ai pas de maison. Je suis la porte dans le passage privé
s'ouvrant et se fermant.
Les nuits où ils murmurent mon nom
et que leurs femmes se tiennent sur leurs coudes traçant
le tunnel que leurs lèvres font
je ne peux dormir moi non plus :
mon corps est enfermé dans de trop nombreux torses.
Ils ne peuvent me laisser aller... ma morsure,
leur espoir secret, se boursoufle
à en asservir. Dans mes cauchemars
un étranger façonne mon visage
avec ses doigts pétrifiés. Il prononce
mon nom et je me réveille enterrée

dans la tombe de quelqu'un d'autre

BARBARA SZERLIP

CAFE

Light strikes a corner, cutting through smoke.
There are tables and conversations.
Do you know this tune ? You are
playing the night like a sad piano.
It's late, and we both know which songs
will make them weep.

I step out dressed in moonlight.
They want a song before
the light comes up, something
to hold them. Some sadness made theirs.

What would happen if we
could have a language between us if
we could speak, clear as water ? Do you
know this tune ? It isn't the words
so much, but the melody that moves us.

It's late. Moonlight speaks
like a sad piano. Listen, it will

tell you everything.

Beatitude #21, 1975

CAFÉ

La lumière butte sur un coin, taillant dans la fumée.
Il y a des tables et des conversations.
Connais-tu cet air ? Tu
joues de la nuit comme un piano triste.
Il est tard, et nous savons tous les deux quelles chansons
les feront pleurer.

Je sors vêtue d'un clair de lune.
Ils veulent une chanson avant que
la lumière ne pointe, quelque chose
pour les soutenir. De la tristesse qu'ils s'approprient.

Qu'arriverait-il si nous
pouvions avoir un langage entre nous si
nous pouvions parler avec la même clarté que l'eau ? Connais-tu
cet air ? Ce ne sont pas vraiment les mots,
mais la mélodie qui nous fait bouger.

Il est tard. Le clair de lune parle
comme un piano triste. Ecoute, il te
dira tout.

LARRY SPARKS

POEM

absent cold and absent
the living words between us
night across the face
the lover
absent cold and absent
as you unscrew the eyes of the past
you smash my hands
as you drink the dark wine
you drink my blood also
oxygen of the room
sucked into your glass
i walk in absence
absent cold and absent
thru the invisible parties
thru the black streets
cruel metal of your eyes

the hungry dragging chains
the dogs slobbering tears
your closed eye slobbering sperm
in my withered bed

Beatitude #23, 1976

POÈME

absent froid et absent
les mots vivants entre nous
nuit en travers du visage
l'amoureux
absent froid et absent
alors que tu dévisses les yeux du passé
tu broies ma main
alors que tu bois le vin foncé
tu bois mon sang aussi
oxygène de la pièce
aspiré par ton verre
je marche dans l'absence
absent froid et absent
au travers des fêtes invisibles
au travers des rues noires
métal cruel de tes yeux
les chaînes avides qui se traînent
les chiens bavant des larmes
ton œil fermé bavant du sperme
dans mon lit fané

MAX SCHWARTZ

I, HAVE NOT BEEN SPARED

      i, have not been spared

                    history, takes swipes ove you
at, its own will
           no, i have not been spared

seven, smatterings ove grief
  or, a smashed to pieces
heart,

                  angles put to melody

         walking thru my chest

music's

ove very

curious

nature

yes, here now

food fork & table

as i sit

&, why

are the

i's

the hardest

to erase

the i's

try, it

sometime, if you dont believe me

try, to erase an   i.

Beatitude #23, 1976

Max Schwartz (on right - à droite)
with the Wine Busby Duo, San Francisco, 1976

JE, N'AI PAS ÉTÉ MÉNAGÉ

je, n'ai pas été ménagé

l'histoire, vous gifle

selon, sa propre volonté

non, je n'ai pas été ménagé

sept, notions vagues du chagrin
ou, un cœur réduit
en morceaux,

angles enduits de mélodie

marchant à travers mon torse

la musique est

une très

curieuse

nature

oui, ici maintenant

nourriture fourchette & table

alors que je suis assis

&, pourquoi

les je

sont-ils

les plus durs

à effacer
les je

essayez

parfois, si vous ne me croyez pas

essayez, d'effacer un

je

....

Sharon Doubiago

LETTER TO LUKE BREIT IN POINT ARENA

Dear Luke : Yesterday near dusk I walked down the ridge
to Albion's post office and store. This time, descending,
the Pacific was a huge eyeball of water
arched over to Asia : Robinson Jeffers, I think, years ago
living on this same headland, 300 miles south of here.
Narcissus and daffodils made passages toward the sun
until it disappeared like a coin placed in a slot.
I don't know how one keeps the life sustaining images
of other poets from one's work, the way they enter
the body like sperm to the egg, or why, even, one should strain
after new ones since the old ones are forgotten. Returning,
the heavy groceries and 600 foot climb slowing me
I read a letter from Phillip sharing "with you weeping" the
abortion he and Susan had had that morning in Berkeley.
I climbed through his anguished insistence that the foetus
is revealed in the fat robin in the tree and thought
how important it is that fathers be present at abortions,
my body beneath coat and sweaters bathing in a fine sweat,
the dark Eye of earth behind me, watching, as the poet knew,
not our wars.

I worked all night. Weeks and I've struggled with the history
of this country, to write a few simple poems about it.
At this point just one line, one image, would seem victorious.
I sleep beneath a map of it now and know myself
as William's pure product of America going crazy.
What I cannot express, the slaughters, and the great broken tongue
of the people. Martin Luther King said that a riot
is a language of the people and Philip once said that language
has been used to repress Americans and I've always felt
as Billy Bud, my very life at stake on the words
that won't come, mute before the obvious. I worked all night
my family deep in sleep around me, using pen
in this small cabin so as not to wake them with typing,
reading through the dozen books, wading through stories and flesh
and dislocation and death, searching for the key
to this overstuffed country, stories and people and land
I have pulled to myself, like sperm to the egg:
the American soul, hard, isolate, stoic, and as Lawrence said,
a killer. Your unanswered letter has sat by my bed
for days now. I kept thinking I would reread it. Somewhere
in this history is love. I worked all night, but at 5:45
I gave up. Slipping on boots I went outside. Over the redwoods
in the east a shaft of light delicately split the night

and within it an even more tremulous sight, a comet
spraying gold, dropping directly behind the rising
sun, a measure it seemed of worlds within worlds,
of passage, of an infinite slow, of a great unbroken
tongue telling a story, and I thought of Crane's pioneer woman
on the long trail back from the gold mines encountering
a homeless squaw bent westward, riding without rein,
and how in the middle of this doomed and damned continent
against the long team line of silent, sullen men
they waved their babies at each other. The sun rose
consuming the comet and me without my poem. I fixed
oatmeal, toast, and orange juice for my children and when
they left listened to the school bus gearing down the ridge
making its stops, vaguely anxious of the time
when I will not have to fix that breakfast. I didn't
have my poem, not even the one line I had particularly
sought, but finally, going to bed, I reached for your letter
and in the sweet exhaustion of my body, I read you.
And I understood, Luke, that you are the poem, the passage,
I had sought all night, the love with which you enter
and the love with which you place it for the people
and your faith that there is a place in each of us
that can't sell out, yes, even though, the heart as prisoner.
Always, you say, people protest the gentleness
of your poems, so empty of the violence of your life,
the Revolutionary waiting execution in a
Spanish prison, your dead wife and son in Mexico,
but how you continue to insist that the gentleness
is a result of the tension with violence and
necessary to your life. Yes, the heart as prisoner
but the line comes to me now: to pull dead Indians
from the soil, and with the heart love, enters your poetic form,
always so accessible, take it from you and send it back,
to you, and to the people, through this letter : democracy.
My man woke and loved me, hours it seemed, my body
exploding in the cries of all our babies never to be born,
consuming a solar comet spraying hope across a land
that this year celebrates 400,000 years old Mojave Man
and the Eye that watches more than our wars.

                                        March 5, 1976

Beatitude #24, 1976

LETTRE À LUKE BREIT À POINT ARENA

Cher Luke : Hier à l'approche du crépuscule j'ai marché vers le bas de la crête
jusqu'à la poste et l'épicerie d'Albion. À cette heure-ci, descendant,
le Pacifique était un énorme globe oculaire d'eau

arqué vers l'Asie : Robinson Jeffers, je crois, vivait il y a des années
sur ce même cap, à 480 kilomètres au sud d'ici.
Des narcisses et des jonquilles formaient un passage vers le soleil
jusqu'au moment où il disparut comme une pièce de monnaie introduite dans une fente.
Je ne sais pas comment l'on persiste dans une vie qui préserve les images
d'autres poètes dans notre travail, la façon dont elles entrent
dans le corps comme le sperme dans l'œuf, ou pourquoi, même, l'on devrait s'efforcer
à en chercher des nouvelles puisque les vieilles sont oubliées. En rentrant,
la corvée des courses et 200 mètres de grimpette me ralentissant,
j'ai lu une lettre de Philip partageant « avec toi les larmes »
de l'avortement que lui et Susan vécurent ce matin-là à Berkeley.
Je me suis hissée jusqu'à son insistance angoissée quant au fait que le fœtus
est révélé dans le gros rouge-gorge dans l'arbre et ai pensé
combien il est important que les pères soient présents lors des avortements,
mon corps sous le manteau et les chandails baignant dans une fine sueur,
l'Œil sombre de la terre derrière moi, ne regardant pas, comme le savait le poète,
nos guerres.

J'ai travaillé toute la nuit. Des semaines et j'ai lutté avec l'histoire
de ce pays, pour écrire quelques poèmes simples à son sujet.
Pour l'instant juste une ligne, une image, sembleraient victorieuses.
Je dors sous une carte intérieure maintenant et me reconnais
dans le pur produit de l'Amérique de William qui devient folle.
Ce que je ne peux exprimer, les massacres, et la grande langue avalée
des gens. Martin Luther King a dit qu'une émeute
est un langage du peuple et Philip a dit un jour que le langage
a été utilisé pour réprimer les américains et je me suis toujours sentie
comme Billy Bud, ma propre vie se joue sur les mots
qui ne viendront pas, muette devant l'évidence. J'ai travaillé toute la nuit
avec autour de moi ma famille plongée dans un sommeil profond, utilisant un stylo
dans cette petite cabane pour ne pas les réveiller en tapant à la machine,
lisant des dizaines de livres, avançant péniblement dans les histoires et dans la chair
et dans la dislocation et dans la mort, cherchant la clé
de ce pays, de ces histoires et de ces gens et de cette terre
surgavés que j'ai attirés à moi, comme le sperme dans l'œuf :
l'âme américaine, dure, isolée, stoïque, et comme l'a dit Lawrence,
une meurtrière. Ta lettre à laquelle je n'ai pas répondu est posée près de mon lit
depuis des jours maintenant. Je n'ai pas arrêté de penser que je la relirai. Quelque part
dans cette histoire se trouve l'amour. J'ai travaillé toute la nuit, mais à 5h. 45
j'ai laissé tomber. Me glissant dans des bottes je suis allée dehors. Au-dessus des séquoias
à l'est un rayon de lumière a délicatement fendu la nuit
et à l'intérieur de celle-ci une vision encore plus tremblotante, une comète
vaporisant de l'or, tombant directement derrière le soleil levant,
une jauge semblait-il de mondes à l'intérieur de mondes,
de passages, d'une infinie lenteur, d'une grande langue non pas avalée
racontant une histoire, et je pensai à la femme pionnière de Crane
sur la longue piste revenant des mines d'or, rencontrant
une squaw sans abri inclinée vers l'ouest, chevauchant sans rêne,

et comment au milieu de ce continent condamné et damné,
contre la longue équipée, ligne de silence, des hommes maussades
se font signe avec leurs bébés. Le soleil s'est levé
nous consumant la comète et moi, sans mon poème. J'ai préparé
des céréales, des toasts et du jus d'orange pour mes enfants et lorsqu'ils
sont partis j'ai écouté le bus de l'école descendre la crête
et embrayer pour faire ses arrêts, vaguement anxieuse du moment
où je n'aurai pas à préparer ce petit déjeuner. Je n'avais
pas mon poème, pas même l'unique ligne que j'avais particulièrement
cherchée, mais finalement, allant au lit, j'ai empoigné ta lettre
et dans la douce fatigue de mon corps, je t'ai lu.
Et j'ai compris, Luke, que tu es le poème, le passage
que j'ai cherché toute la nuit, l'amour avec lequel tu entres
et l'amour que tu confies aux gens
et ta foi en ce qu'il y a un endroit en chacun de nous
qui ne peut se vendre, oui, même si le cœur est comme prisonnier.
Toujours, dis-tu, les gens te reprochent la bonté
de tes poèmes, si vides de la violence de ta vie,
le Révolutionnaire attendant l'exécution
dans une prison espagnole, ta femme et ton fils morts au Mexique,
alors que tu continues d'insister que la bonté
est le résultat de la tension due à la violence et
est nécessaire à ta vie. Oui, le cœur comme prisonnier
mais la ligne me vient maintenant : arracher les Indiens morts
du sol, et avec l'amour du cœur, pénètre ta forme poétique,
toujours si accessible, te la prendre et la renvoyer,
à toi, et aux gens, par le biais de cette lettre : démocratie.
Mon homme s'est réveillé et m'a aimée, des heures m'a-t-il semblé, mon corps
explosant dans les pleurs de tous nos bébés à ne jamais naître,
consumant une comète solaire vaporisant de l'espoir à travers une terre
qui cette année fête les 400000 ans de l'Homme Mojave
et l'Œil qui regarde davantage que nos guerres.

5 mars 1976

STEPHEN SCHWARTZ

INCANTATION

Oh nature, grant me a voice, & time, grant me a voice,
    let me not fear death, & therefore exalt it, & cheapen life,
    let me not fear life, & therefore believe I am less than I am,
    a human being, destined as all others of my species at this time
    & place,
    let me not seek in the future a poor corrected version of the past,
    let my comprehension bloom, no matter how stunted its trunk, which
    is memory,
    moments in desert, days at sea, open mountains, my gaze turned to

the galactic, grant me a voice,
      I am human, my place is among birds of prey, lizards, great cats,
      I refuse the belief in God, I am an atheist, there is no principle
      higher than nature, which is desire & its satisfaction,
Oh dream, grant me a voice, let me not forgive any who praise brutality,
      themselves not victims of it, who praise conformity, though I admit
      humankind has need of responsibility, who praise liberty only when
      they enjoy it,
      the Revolution is not property of one or another revolutionary, but
      of all beings,
      though there are enough who will lie in the service of the Revolution
      as if the Revolution needs lies, as Trotsky said, & there was a
      time I wanted sharp fangs & the gulp of the flesh of my kindred,
      let me now be a jack rabbit, as in north Nevada, grazing the sweet
      & harsh, & let me swim in the ocean of dreams, no matter how it
      smashes the cities of the shore, & let the iron gauntlet cease
      tearing apart the emerald jasmine,
Oh desire, whose being is prophesy, grant me a voice.

Beatitude #21, 1975

INCANTATION

Oh nature, octroie-moi une voix, & temps, octroie-moi une voix,
      ne me laissez pas craindre la mort, & donc la glorifier, & dévaloriser la vie,
      ne me laissez pas craindre la vie, & donc croire que je suis moins que ce que je suis,
      un être humain, destiné comme tous les autres de mon espèce à ce temps
      & ce lieu,
      ne me laissez pas chercher dans le futur une mauvaise version corrigée du passé,
      laissez ma compréhension bourgeonner, peu importe si son tronc ne s'est pas développé,
      ce qui vaut pour la mémoire,
      périodes dans le désert, jours à la mer, étendue des montagnes, mon regard dirigé vers
      le galactique, octroie-moi une voix,
      je suis humain, ma place est parmi les oiseaux de proie, les lézards, les félins,
      je refuse la croyance en Dieu, je suis athée, il n'y a pas de loi
      plus importante que la nature, qui est le désir & ses satisfactions,
Oh rêve, octroie-moi une voix, ne me laisse pas pardonner à ceux qui cautionnent la brutalité,
      eux qui n'en sont pas victimes, qui cautionnent la conformité, bien que j'admette
      que le genre humain a besoin de responsabilité, qui cautionnent la liberté seulement
      lorsqu'ils en jouissent,
      la Révolution n'est pas la propriété d'un ou plusieurs révolutionnaires, mais
      de tous les êtres,
      bien qu'il y en ait assez qui mentiront dans le service de la Révolution
      comme si la Révolution avait besoin de mensonges, comme disait Trotsky, & il y avait une
      époque où je voulais des crocs pointus & l'ingurgitation de la chair de mes parents,
      laissez-moi maintenant être un lapin, comme dans le nord du Nevada, brouter le doux et
      le rêche, & laissez-moi nager dans l'océan des rêves, peu importe qu'il mette
      en pièces les villes de la rive, & faites que le gant de fer cesse

d'arracher le jasmin d'émeraude,
Oh désir, dont l'être est prophétie, octroie-moi une voix.

DALE PENDELL

MOON THE SWIRLING DUST LIKE

But gets me what
is you how home go
night every
best up get
and again

Medusa you yourself called
accident by once
hair frizzling out
like snakes was

Medea
to say meant you
hungry bite take
wanted to a
some man of
love wanted

touch just wanted to
and touched be

breast hands on
held have
another's tightly
wanting hold

O danced madly you

Wondering men the who where you

Then quick that point so
when turned we together and
moment a hidden had

lit of life that flame

that beam and bounce and

William Everson, Thomas Crowe, Philip Daughtry, Dale Pendell

smile   cheeks of rising

there the black night black in.

Beatitude #25, 1976

LUNE LA TOURBILLONNANT POUSSIÈRE COMME

Mais me dérange ce qui
c'est tu comment chez toi vas
nuit chaque
mieux se lever vaut
et encore

Méduse tu surnommée t'es
accident par un jour
les cheveux s'enroulant et pendant
comme les serpents l'étaient

Médéa
dire voulais-tu
affamée prendre morceau
voulais un
un homme d'
amour voulait

toucher juste voulais
et touché être

les seins mains sur
tenu a
un autre fermement
voulant tenir

Ô as dansé follement tu

Se demandant hommes les qui étais tu

Puis rapide ce point si
lorsque tournoyâmes nous ensemble et
moment un confiné eûmes

attisée de vie cette flamme

ce faisceau et cette vivacité et

sourire   les joues se soulevant

là le noir nuit noire dans.

ANKIDO

ANOTHER EXILE

I entered the dictionary
of your language
with a bleeding tongue.
Flew,
a universal eagle
across the Atlantic,
kissed the Pacific,
with the Euphrates
thrust in my blood.

My third eye
is a telescope,
transcending your misery
into tears of peasants
of third world countries.
I entered your cities,
dreams of utopia
made love to my chest.
I entered your cities.
Your democratic cities.
My guide line's a poem
I borrowed from Lorca.
My chariots
are the tongues
of screaming prolitaria.
I entered your cities
and found a nut house
full of so-called poets
who write news bulletins,
of how X, and Z died.
I entered your computerized cities
to listen to robots
shouting for a racist change.
I entered your cities
hoping
the years of slavery are gone,
but there I'm
listening to your red necks
attacking politely

Jack London,
and Martin Luther.
I entered your cities.
Dreams of Greek sailors
haunted my footsteps.
I entered your cities
to find the bits and pieces of my head
scattered like ashes
in the wind of your destructive civilization.
I am in your cities
grasping with my soul
the land of exile and intellectual slavery.

Beatitude #23, 1976

UN AUTRE EXIL

Je suis entré dans le dictionnaire
de votre langage
avec la langue en sang.
Ai volé,
tel un aigle universel
de l'autre côté de l'Atlantique,
embrassé le Pacifique,
avec l'Euphrate
englouti dans mon sang.

Mon troisième œil
est un télescope,
transcendant votre misère
dans les larmes des paysans
des pays du tiers monde.
Je suis entré dans vos villes,
des rêves d'utopie
ont fait l'amour à mon thorax.
Je suis entré dans vos villes.
Vos villes démocratiques.
Ma ligne de conduite est un poème
que j'ai emprunté à Lorca.
Mes chariots
sont les langues
du prolétariat qui hurle.
Je suis entré dans vos villes
et ai trouvé une maison de dingues
pleine de soi-disant poètes
qui écrivent des bulletins d'informations,

sur la façon dont X, et Z sont morts.
Je suis entré dans vos villes informatisées
pour écouter des robots
brailler des revendications racistes.
Je suis entré dans vos villes
espérant
que les années d'esclavagisme s'en sont allées,
mais me voici
à écouter vos bouseux
attaquer poliment
Jack London,
et Martin Luther.
Je suis entré dans vos villes.
Des rêves de marins grecs
hantaient mes pas.
Je suis dans vos villes
pour trouver les parcelles et les morceaux de ma tête
éparpillés comme de la cendre
dans le vent de votre civilisation destructrice.
Je suis dans vos villes
empoignant de mon âme
la terre de l'exil et de l'esclavagisme intellectuel.

TOM CUSON

YOU HIDE AMONG RUINS OF WATER

i follow you
beyond highways
to other sides
of roadmaps.
i read yr name
in my passport
in invisible ink.
i hear you in silence
between breathing of clocks.
if i forget you when people
nail pancakes to floors
set dollhouses in flames
& jam rivers with mattresses
i remember you because
terns migrating three weeks
can sleep in air
& the shark must move to breathe
all its life never stops moving
i want to give you

gold in my mind
& silver in my thighs
this is when the owl
in my skull wakes & stretches
after dreams that don't
dissolve in sunlight
this is crow
returning lost ring
this is dove
returning to ark
this is what they
painted on cave walls
the leaden stomach of birth
the engine of light in a heartbeat

Beatitude #23, 1976

TU TE CACHES PARMI LES RUINES DE L'EAU

je te suis
au-delà des autoroutes
de l'autre côté
des cartes routières.
je lis ton nom
dans mon passeport
à l'encre invisible.
je t'entends dans le silence
au milieu de la respiration des horloges.
si je t'oublie lorsque les gens
clouent des pancakes aux sols
mettent le feu aux maisons de poupées
& engorgent les rivières avec des matelas
je me souviens de toi parce que
les sternes migrant trois semaines
peuvent dormir dans les airs
& le requin doit bouger pour respirer
toute sa vie jamais il ne cesse de bouger
je veux te donner
l'or de mon esprit
& l'argent de mes cuisses
c'est lorsque le hibou
dans mon crâne se réveille & s'étire
après des rêves qui ne se
dissoudent pas dans la lumière du soleil
c'est le corbeau
rapportant une bague égarée

c'est la colombe
retournant à l'arche
c'est ce qu'ils
ont peint sur les murs des grottes
l'estomac en plomb de la naissance
l'engin de lumière dans un battement de cœur

STEVE SCHUTZMAN

CHANT OF SACRIFICE

Someone dies for us
Someone says the name for us
(at the price of his voice)
Not the secret name
or the holy name
but the common name of death for us :
The cool dirt in the shadow
of a rock
that he reaches under for a word of us
PULLING HIS ARM OUTTA THERE LIKE SOME DULL STUMP   yeh
LEAVING HIS HAND IN THERE LIKE SOME CRAB   yeh
TWO PEOPLE IN THERE MAKING LOVE   yeh yeh yeh
The stiffening kiss
of a spider yes
                              s
s s s s s s s s s s
      s
  someone dies for us
He mounts the horse and rides away
blind in front of the wall of us
He be blue   He be space
He just lay down all over the sky for us
THE WALL'S ON HIS CHEST NOW   yeh
THE NAME'S ON HIS LIPS NOW   yeh
ANOTHER YEAR STARTS TO GROW FROM HIS HEAD   yeh yeh yeh
We live among the vines
of his breath yes
                              s
s s s s s s s s s s s
      s
  someone dies for us
He crawls around drunk without eyes for us
He sings to the walls of his room
He gathers us up and pours us back

into bed for us
He sends himself away to quote the rocks
to stand in the tree
to pack the dirt tight in his mouth for us
HE IS ALONE IN THE HILLS   yeh
WE ARE EACH ALONE IN THE HILLS   yeh
OUR WOUNDED CIRCLE CALLS US BACK TO THE FIRE   yeh yeh yeh
The living beat the drums
with the bones of the dead yes

                                        s
                    s s s s s s s
                    s
                    s s s s s s s
                                    s
                    s s s s s s s

Beatitude #26, 1977

CHANT DU SACRIFICE

Quelqu'un meurt pour nous
Quelqu'un dit le nom pour nous
(au prix de sa voix)
Pas le nom secret
ou le nom saint
mais le nom habituel de la mort pour nous :
Le terre froide dans l'ombre
d'un rocher
sous lequel il se glisse pour un mot à nous
TRAÎNANT SES BRAS LÀ-DEDANS LOURDS COMME UNE SOUCHE   ouais
LAISSANT SES MAINS LÀ-DEDANS COMME UN CRABE   ouais
DEUX PERSONNES LÀ-DEDANS FAISANT L'AMOUR   ouais ouais ouais
Le baiser ferme
d'une araignée oui
                          i
i i i i i i i i i i i
  i
  quelqu'un meurt pour nous
Il monte à cheval et s'en va chevauchant
aveugle en face du mur fait de nous
Il est bleu   Il est espace
Il s'étend juste sur tout le ciel pour nous
LE MUR EST SUR SA POITRINE MAINTENANT   ouais
LE NOM EST SUR SES LÈVRES MAINTENANT   ouais
UNE AUTRE ANNÉE COMMENCE À CROÎTRE SUR SA TÊTE   ouais ouais ouais
Nous vivons au milieu des vignes
de son souffle oui

                                    i
i i i i i i i i i i i
  i
    quelqu'un meurt pour nous
Il rampe de-ci de-là ivre sans œil pour nous
Il chante aux murs de sa chambre
Il nous rassemble et nous déverse
dans le lit pour nous
Il s'expédie pour citer les rochers
pour se placer dans l'arbre
pour entasser fortement la terre dans sa bouche pour nous
IL EST TOUT SEUL DANS LES COLLINES   ouais
NOUS SOMMES CHACUN SEULS DANS LES COLLINES   ouais
NOTRE CERCLE BLESSÉ NOUS RAPPELLE AU FEU   ouais ouais ouais
Les vivants battent les tambours
avec les os des morts oui
                                    i
            i i i i i i i i
        i
            i i i i i i i i
                                i
            i i i i i i i i

ANDY CLAUSEN

THE NIGHT I HEARD KEROUAC DIED

The night I heard he died
        I had to get outside
        even though it was a foul night
Ketchikan Alaska 48 inches of rain
        that October
I walked small steps
on the smooth wooden sidewalks
        like the ancient woman of ancient Cathay trucking on
        to face the void of the faces
        of clerks who've been brain-snatched
        by extra terrestrial invaders
        ringing up my spuget & wine
without a word

The rain came in waves
I shouted : "Timber !"
moonless dark never enough money dark
The alcoholic salmon wait the cry of the sea wolf

The sawdust smoke of Ketchikan Spruce stank allright
The alchuringa Jack London left here
ornery & desperate—midst
            the misty medieval dungeon squeakings
            of the Green Chain-working till 2 AM
Wharf rats they blame on Norway
            scurry about the forklifts
and wood skids

I buy the white-haired air a drink
Here's to the last turn of the century
Here's to the Klhingitt people
Here's to the fish skin houses
Here's to sidewalks like wet driftwood
Here's to reading *On the Road* again
            at my 9 PM lunch
Here's to the fast colors & excitement
Here's to your adventures in a world
            no longer possible
Here's to you Jack, reading London & Wolf
            & a world no longer possible

Here's to a best friend I never met
            a friend I touched
            a friend to talk to

I like the little lights of the little street
            in the driving wetness legging it home
the jukeboxes minus Lester Young
            blowing madness jubilee to
wide eyed jitterbug pilgrims
no pool hall mystics driving vehicles
            of Apocalyptic Sex

            ramming, jamming nights ecstatic
            unkept rendezvous & hookey.

The sadness is no longer beautiful on the
            wino's face
It could have been your brother's father
I just have to smile and Bird plays
I just have to lid my eyes
            and Desolation Angels pass thru
I just have to pull on the bottle
            to receive your transmission
the Woody Woodpecker riff of Groovin High
Delivers Me
            Unreproaches Me !

takes the weight off! Shouts
Timber ! Jack ! Jack Kerouac !
Timber !

(In Alaska, "Timber !" used to mean drinks are on me—still might—of course also means a tree falling)

Ketchikan, Alaska, 1969 ; Hunger N° 5, 1999 ; The Millennium Issue, N° 9, 2002

LA NUIT OÙ J'AI ENTENDU QUE KEROUAC ÉTAIT MORT

La nuit où j'ai entendu qu'il était mort
   je dus sortir
   bien que ce fut une sale nuit
Ketchikan Alaska 19 centimètres de pluie
   en ce mois d'octobre
je marchai à petits pas
sur les trottoirs en bois lisse
   comme la vieille femme de la vieille Cathay en voyage
   pour faire face au vide des faces
   des caissiers dont les cerveaux ont été séquestrés
   par des envahisseurs extra-terrestres
   et qui encaissent mon vin
sans un mot

La pluie venait par vague
Je gueulai : « C'est ma tournée !»
pas de lune sombre jamais assez d'argent sombre
Les saumons alcooliques attendent le cri du loup de mer
La fumée de sciure de Ketchikan Spruce puait bien sûr
L'esprit perdu que Jack London laissa ici
énervé & désespéré - au milieu
   des couinements de la Chaîne Verte
   du donjon médiéval brumeux - travaillant jusqu'à 2 heures du matin
Les rats des quais pour lesquels la Norvège est blâmée
   détalent des monte-charges
et des palettes de bois

Je paie un verre à l'air aux cheveux blancs
À la santé de la fin du siècle
À la santé des indiens Klhingitt
À la santé des maisons en écailles de poissons
À la santé des trottoirs à l'aspect de bois flottant mouillé
À la santé de relire *On the Road*
   lors de mon déjeuner de 9 heures du soir
À la santé des couleurs vives & de l'excitation
À la santé de vos aventures dans un monde
   plus possible

À ta santé Jack, en lisant London & Wolf
       & à un monde plus possible

À la santé d'un meilleur ami que je n'ai jamais rencontré
       un ami que j'ai touché
       un ami à qui parler

J'aime les petites lumières de la petite rue
       rentrant à pied à la maison dans l'humidité coriace
les juke-boxes sans Lester Young
       soufflant le jubilé de la folie à des
pèlerins du jitterbug aux yeux grands ouverts
pas de salles de billard mystiques conduisant des véhicules
       de Sexe Apocalyptique

       percutant entassant les nuits extatiques
       rendez-vous bordélique & de mauvais goût.

La tristesse n'est plus belle sur le
       visage de l'ivrogne
Ça aurait pu être le père de ton frère
Je n'ai qu'à sourir et Bird joue
Je n'ai qu'à fermer mes yeux
       et Desolation Angels passe au travers
Je n'ai qu'à boire au goulot de la bouteille
       pour recevoir ta transmission
le riff à la Woody Woodpecker de Groovin High
Me Délivre
       Me Déculpabilise !
ôte le poids ! Gueule
C'est ma tournée ! Jack ! Jack Kerouac !
C'est ma tournée !

(En Alaska, "Timber !" voulait dire que la tournée est pour moi
-sûrement toujours le cas- mais bien sûr prévient aussi qu'un arbre tombe)

ANDREI CODRESCU

THE THREAT

I am not looking for your jugular.
Only for your eyes.

This isn't exactly accurate.
I want both. And if you ask, as you should

if you like yourself, why do I go for such
ferocious treats, I must
admit

that there is something unexploded in my gut.

And it wants you because there is
an unexploded something in yours too.

A music box we swallowed when we were children ?
The growing up ? Which is
learning to handle terror ?
Was there something in the food or is
the government responsible for it ?

It's nothing I can stick my knife into and say :
"For sure it's this !"

And yet I want it out more than I want these words

Beatitude #23, 1976

LA MENACE

Je ne cherche pas ta jugulaire.
Seulement tes yeux.

Ce n'est pas tout à fait exact.
Je veux les deux. Et si tu demandes, ce que tu devrais
si tu t'aimes, pourquoi je suis attiré par des
amuse-gueules si féroces, je dois
admettre

qu'il y a quelque chose d'inexplosé dans mon bide.

Et elle te veut parce qu'il y a
quelque chose d'inexplosé dans le tien aussi.

Une boîte à musique que nous avons avalée lorsque nous étions enfants ?
La croissance ? Qui est
apprendre à manier la terreur ?
Y avait-il quelque chose dans la nourriture ou
le gouvernement est-il responsable de cela ?

C'est pas une chose dans laquelle je peux planter mon couteau et dire :
« Pour sûr c'est ça ! »

Et pourtant je veux la mettre dehors davantage que je ne veux ces mots

COLE SWENSEN

GALLERIES

The speed, immense, of begetting belongs
entirely to the world

The body perfectly framing carefully
setting aside. In the aquarium, fish
gorgeous as the very heart
(and a window just as simply made)

It was a shape on a page.
He picked up the page and said "The
translation's all wrong."

If you were really growing older by the minute
you'd say nothing had changed.
"These are my ancestors—how do you like them ?
They're all in love with you, they understand you,
they blame no one."

San Francisco, 1979

GALERIES

La vitesse, démesurée, d'engendrement fait
entièrement partie du monde

Le corps se façonnant parfaitement se plaçant soigneusement
de côté. Dans l'aquarium, des poissons
somptueux comme le cœur même
(et une fenêtre tout aussi simplement faite)

C'était une forme sur une page.
Il empoigna la page et dit « La
traduction est mauvaise. »

Si tu vieillissais réellement dans la minute
tu dirais que rien n'a changé.
« Ce sont mes ancêtres—comment les trouves-tu ?
Ils sont tous amoureux de toi, ils te comprennent,
ils ne blâment personne. »

Peripheral Poets Biographies — Biographies des Poètes Proches

Ankido - coming to San Francisco from Palestine, he took the San Francisco scene by storm with his fiery and highly imagistic and symbolic poems and his on-page and on-stage presence. His cafe/restaurant in the Folsom District of San Francisco was a frequent literary hang-out and venue for both planned and spontaneous poetry readings. Often compared to his mentor and hero— the Palestinian poet Adonis—he brought a strong Eastern presence, awareness and sensibility to the whole scene. His poem *"Anti-Koda"* written in Arabic during his San Francisco days, is one of the strongest poetic statements to emerge from the 70s San Francisco Renaissance.

Ankido - venant à San Francisco depuis la Palestine, il se jeta sur la scène de San Francisco tel un orage avec ses poèmes ardents, symboliques et hautement imagés et sa présence sur *les planches* et le papier. Son café/restaurant dans le quartier Folsom de San Francisco était un lieu littéraire régulier pour les lectures de poésie organisées et spontanées. Souvent comparé à son mentor et héros - le poète palestinien Adonis - il apporta une forte présence, conscience et sensibilité de l'est à la scène entière. Son poème « *Anti-Koda* » écrit en arabe pendant son séjour à San Francisco, est un des plus forts récits poétiques de la Renaissance de San Francisco des années 1970.

Andy Clausen - considered the "rolling thunder," the mover-and-shaker for the Berkeley poetry scene during the 1970s and for many years after. He was allegedly born in a bomb shelter in Belgium in 1943 and grew up in Oakland, California. Attempted attendance at six different colleges with no success before deciding to become a "beat" poet in the late 1960s after reading Jack Kerouac. Allen Ginsberg endorsed two of his early books, comparing him to Neal Cassady and saying that Clausen was "the future of American poetry." Since the 1970s, he has traveled all over North America and parts of the world, has taught at Naropa Institute in Colorado, worked for Poetry In The Schools, and as a stone mason. He currently teaches in the New York City School System and is writing a memoir on his friendship and adventures with Ginsberg, Corso, and others of the Beat Generation. His books include *The Iron Curtain of Love*, *Without Doubt*, and *40th Century Man*.

Andy Clausen - considéré comme le « tonnerre roulant », celui qui secouait et faisait bouger la continuelle scène poétique de Berkeley dans les années 1970 et encore de nombreuses années après. Probablement né dans un abri anti-bombe en Belgique en 1943, il a grandi à Oakland, Californie. Tenta sans succès de suivre les cours de six différents collèges avant de décider de devenir un poète « beat » à la fin des années 1960 après avoir lu Jack Kerouac. Allen Ginsberg a préfacé deux de ses premiers livres, le comparant à Neal Cassady et disant que Clausen était « le futur de la poésie américaine ». Depuis les années 1970, il a voyagé dans toute l'Amérique du Nord et une grande partie du monde, a enseigné à l'Institut Naropa dans le Colorado, a travaillé pour Poésie Dans Les Écoles, et en tant que maçon. Il enseigne actuellement à la New York City School System et écrit une autobiographie de son amitié et de ses aventures avec Ginsberg, Corso, et certains autres de la Beat Generation. Ses livres incluent *The Iron Curtain of Love*, *Without Doubt* et *40th Century Man*.

Andrei Codrescu - was born in Sibiu (Transylvania) Romania and emigrated to the United States in 1966 and became a U.S. citizen in 1981. During the 1970s, he lived just north of San Francisco in a small rural community along the Russian River. A frequent visitor to San Francisco, he was involved in many of the Beatitude-sponsored readings and rallies during those years, and was published in issues of *Beatitude*, *LoveLights* and *Vanishing Cab*. A prolific author, his books of poetry and prose include : *The Life and Times of an Involuntary Genius*, *License To Carry A Gun*, *A Hole in the Flag*, *The Blood Countess*, *Messiah*, and

Alien Candor. Today, he is the editor of the on-line literary magazine *Exquisite Corpse,* teaches at Louisiana State University, is a regular commentator for National Public Radio, and lives in Baton Rouge, Louisiana.

Andrei Codrescu - est né à Sibiu (Transylvanie) en Roumanie, a immigré aux Etats Unis en 1966 et est devenu citoyen américain en 1981. Pendant les années 1970, il habita dans le nord de San Francisco dans une petite communauté rurale le long de Russian River. Visiteur régulier de San Francisco, il était impliqué dans un grand nombre des lectures et rassemblements organisés par Beatitude pendant ces années-là, et fut publié dans les revues *Beatitude, LoveLights et Vanishing Cab.* Auteur prolifique, ses livres de poésie et de prose incluent : *The Life and Times of an Involuntary Genius, License To Carry A Gun, A Hole in the Flag, The Blood Countess, Messiah, et Alien Candor.* Aujourd'hui, il est l'éditeur de la revue littéraire en ligne *Exquisite Corpse,* enseigne à l'Université d'État de Lousiane, est un commentateur régulier de la Radio Publique Nationale, et vit à Baton Rouge, Louisiane.

Tom Cuson & Steve Schutzman - were the driving force and hosts of the long-running reading series at The Intersection located in North Beach, San Francisco. Regularly featured in the pages of *Beatitude, LoveLights* and *Vanishing Cab* ; Schutzman's book *The History of Sleep* and Cuson's *Vision of the Burning Gate* were published by San Francisco publishers during the 1970s.

Tom Cuson & Steve Schutzman - étaient les chefs de file et les hôtes de la longue série de lectures à The Intersection situé à North Beach, San Francisco. Régulièrement publiés dans les pages de *Beatitude, LoveLights* et *Vanishing Cab* ; le livre de Schutzman *The History of Sleep* et celui de Cuson *Vision of the Burning Gate* furent publiés par des éditeurs de San Francisco dans les années 1970.

James Dalessandro - born in Cleveland, Ohio, was the driving force during the 1970s behind the Santa Cruz Poetry Festival. A frequent presence in San Francisco and at Beatitude and City Lights readings, he was a popular public performer, often collaborating with such prominent musicians as Charles Lloyd. Often compared to Lenny Bruce and Charles Bukowski in his younger years, he now lives in Los Angeles, California, where he works as a screenwriter and film producer. His books include : *Canary In A Coal Mine, Bohemian Heart,* and *Citizen Jane.*

James Dalessandro - né à Cleveland, Ohio, a été le chef de file du Festival de Poésie de Santa Cruz dans les années 1970. Très souvent présent à San Francisco et aux lectures de *Beatitude* et de City Lights, il a été un performeur public populaire, collaborant avec des musiciens éminents comme Charles Lloyd. Souvent comparé à Lenny Bruce et à Charles Bukowski dans ses débuts, il vit aujourd'hui à Los Angeles, Californie, où il travaille en tant que scénariste pour la télévision et producteur de films. Ses livres incluent : *Canary In A Coal Mine, Bohemian.*

Sharon Doubiago - "northern belle" and doyenne of the northern California (Mendocino) coast literary community during the 1970s, and frequent visitor to North Beach, San Francisco, she grew up in Southern California. During the 1970s, she hosted the Baby Beats and other San Francisco poets at readings which she helped organize in the town of Mendocino, and published her poems in *Beatitude, LoveLights* and *Kuksu.* She currently lives in Ashland, Oregon. For many years she has been a visiting writer in many schools, universities and arts centers in the U.S. and around the world. Her books include : *Hard Country, Psyche Drives the Coast, Vision of a Daughter of Albion, South American Mi Hija, The Book of Seeing With One's Own Eyes,* and *El Niño.*

Sharon Doubiago - "belle du nord" et doyenne de la communauté littéraire de la côte nord de la Californie (Mendocino) dans les années 1970, se rendant régulièrement à North Beach, San Francisco, elle grandit dans le sud de la Californie. Pendant les années 1970, elle accueillit les Baby Beats et d'autres poètes de San Francisco à des lectures qu'elle aida à organiser dans la ville de Mendocino, et publia ses poèmes dans *Beatitude, LoveLights et Kuksu*. Elle vit actuellement à Ashland, Oregon. Durant de nombreuses années, elle se rendit dans un nombre important d'écoles, d'universités et de centres d'arts des USA et du monde en tant qu'écrivain. Ses livres incluent : *Hard Country, Psyche Drives the Coast, Vision of a Daughter of Albion, South American Mi Hija, The Book of Seeing With One's Own Eyes, et El Niño*.

Dale Pendell - born in 1947, he was a resident during the 1970s and 1980s of Gary Snyder's North San Juan Ridge community in the Sierra foothills of California, and was the founding editor of *Kuksu: A Journal of Backcountry Writing*. The infamous cadre of *Kuksu* writers were responsible for the shutting down of the Malvina's Coffeehouse Reading Series in 1977 after a raucous reading. After leaving the NSJuan Ridge community, and during time spent living in Los Angeles and Santa Cruz, California, making his living as a computer software engineer, he has written and published two books considered definitive ethno-botanical texts on hallucinogens and mind-altering plants (*Pharmako/Poeia and Pharmako/Dynamis*) as well as several small collections of poetry, including *Living With Barbarians* (Wild Ginger Press). He now lives in Oakland, California, as a writer, publisher of Exiled in America Press, and front-man for the spoken-word & music band *Oracular Madness*.

Dale Pendell - né en 1947, il fut résident dans les années 1970 et 1980 de la communauté North San Juan Ridge de Gary Snyder, sur les flancs des collines de la sierra de Californie, et fut l'éditeur fondateur de *Kuksu : A Journal of Backcountry Writing*. Les écrivains mal vus de *Kuksu* furent responsables de la fermeture de la série des lectures du café Malvina en 1977 après une lecture tonitruante. Après avoir quitté la communauté de NSJ Ridge, et vivant quelque temps à Los Angeles et Santa Cruz, Californie, gagnant sa vie en tant qu'ingénieur de logiciel informatique, il écrivit et publia deux livres considérés comme des textes ethno-botaniques sur les hallucinogènes et les plantes altérant l'esprit (*Pharmako/Poeia and Pharmako/Dynamis*) ainsi que plusieurs petits recueils de poésie, incluant *Living With Barbarians* (Wild Ginger Press). Il vit aujourd'hui à Oakland, Californie, en tant qu'écrivain et éditeur de Exiled in America Press, il est membre principal du groupe de spoken-word & musique *Oracular Madness*.

Max Schwartz - advocate for American Prison Reform, was a constant and vigilant voice for incarcerated writers, particularly those in California jails. Instrumental in the founding of the legendary Folsom Prison Writers Workshop at Folsom Prison in northern California, he shuttled poets and publishers from the San Francisco Bay Area to and from Folsom Prison to interact with prisoners for many years—until the Writers Workshop was suspiciously and suddenly shut down in 1978. His "Poetry From Prison" radio show on KPFA radio, in San Francisco, was heralded as a conduit for poetic sensibility throughout the Bay Area, and as a voice for the disenfranchised. He currently lives and writes in Sacramento, California.

Max Schwartz - défenseur de la Réforme des Prisons Américaines, fut une voix constante et vigilante des écrivains incarcérés, particulièrement ceux des prisons de Californie. Collaborateur déterminant de la création du légendaire Atelier des Écrivains de la Prison de Folsom, à la prison de Folsom dans le nord de la Californie, il organisa des rencontres entre les prisonniers et des éditeurs de la Bay Area de San Francisco et cela pendant de nombreuses année - jusqu'au jour où l'Atelier des Écrivains fut suspectement et soudainement fermé en 1978. Son émission de radio « La Poésie dans les Prisons » à la radio KPFA à San Francisco, fut présagée comme le fil conducteur d'une sensibilité poétique au travers de la Bay Area, et comme une voix pour les laissés-pour-compte. Il vit et écrit actuellement à Sacramento, Californie.

Stephen Schwartz - born in 1948 and a native of San Francisco, he studied linguistics at the University of California at Berkeley and was, later, a young member of the Chicago-based American Surrealist Group, before returning to San Francisco in the 1970s to write for *City Magazine*, as well as to contribute to various publications such as *Beatitude* and *Vanishing Cab*. From the mid-1960s through the early 1980s, he was active in the revolutionary left in the Americas and Europe. In 1984, he joined the Institute for Contemporary Studies, a free-market 'think tank' and later worked at the U.S. Institute of Peace. His political treatises and his work in behalf of the railroad unions were his passions during the 70s decade. He brought the Baby Beats into contact with Philip Lamantia (who was, himself, a prodigy and author of such seminal books of surrealist poetry as *Destroyed Works*, *Touch of the Marvelous* and *Blood of the Air*), who became an important informative and mentoring presence during those years. A book of prose poems entitled *Hidden Locks* was published in San Francisco in 1976. He went on to write for the *San Francisco Chronicle* as well as to publish several books including a book of poems *Heaven's Descent* (1990), and books of non-fiction such as *Incidents From the Life of Benjamin Peret* (1988), and *Spanish Marxism vs. Soviet Communism : A History of the P.O.U.M* (1988). He has published work in periodicals such as *Commentary* , *The New Criterion*, *The American Spectator* and the *New York Times Book Review* and is a member of the Paris surrealist group ACTUAL.

Stephen Schwartz - né en 1948 à San Francisco, étudia la linguistique à l'Université de Californie à Berkeley et fut, plus tard, un jeune membre du Groupe Surréaliste Américain basé à Chicago, avant de retourner à San Francisco dans les années 1970 pour écrire *City Magazine*, ainsi que pour contribuer à plusieurs publications telles que *Beatitude* et *Vanishing Cab*. De la moitié des années 1960 jusqu'au début des années 1980, il fut actif dans la gauche révolutionnaire dans les Amériques et en Europe. En 1984, il intègre l'Institut d'Études Contemporaines, un « groupe de réflexion » sur le libre commerce, et plus tard travaille à l'Institut de la Paix des U.S. Ses traités politiques et son travail dévoué aux syndicats des chemins de fer furent ses passions durant les années 1970. Il mit les Baby Beats en contact avec Philip Lamantia (étant lui-même, un prodige et auteur de livres de poésie surréaliste déterminants tels que *Destroyed Works*, *Touch of the Marvelous* et *Blood of the Air*) et qui devint un mentor important durant ces années-là. Un livre de poèmes en prose intitulé *Hidden Locks* fut publié à San Francisco en 1976. S. Schwartz écrivit pour le *San Francisco Chronicle* et publia plusieurs livres dont un recueil de poèmes *Heaven's Descent* (1990) ainsi que des livres de non-fiction tels que *Incidents From the Life of Benjamin Peret* (1988) et *Spanish Marxism vs. Soviet Communism : A History of the P.O.U.M* (1988). Il publia des travaux dans des journaux tels que *Commentary* ; *The New Criterion*, *The American Spectator* et le *New York Times Book Review*. Il est membre du groupe surréaliste de Paris, ACTUAL.

Larry Sparks - originally from near Modesto, California, he came to San Francisco to study at San Francisco State under Nanos Valaoritis during the early 1970s. He ran the Malvina's Coffeehouse Reading Series in North Beach for a time when it was one of the only reading series in the Bay area. Some of his early poems were published in San Francisco magazines such as *Beatitude*, *LoveLights*, and *Vanishing Cab*, he was an early contributor and member of the *Beatitude* magazine cadre before leaving San Francisco in the late 1970s. Current whereabouts unknown.

Larry Sparks - originaire des alentours de Modesto, Californie, il vint à San Francisco pour étudier à l'université d'état sous l'effigie de Nanos Valaoritis dans les années 70. Il dirigea les séries de lectures du Malvina's Coffeehouse à North Beach, quelque temps, période pendant laquelle il y avait encore peu de lectures le long de la Bay area. Certains de ses premiers poèmes furent publiés dans des revues de San Francisco telles que *Beatitude*, *LoveLights*, et *Vanishing Cab*, il fut un des premiers contributeurs et membres de la rédaction de la revue *Beatitude*, avant de quitter San Francisco vers la fin des années 70. Résidence actuelle inconnue.

Cole Swensen - lived in Marin County (on the other side of the Golden Gate Bridge) during the 1970s. She was instrumental in the slightly suburban scene in the Bay Area just northwest of San Francisco and for organizing such events as the benefits for Greenpeace and for "Irish Prisoners in British Jails." She was a frequent presence in and around North Beach during those days, and friend and companion to members of the group publishing *Beatitude* magazine. A native of the San Francisco Bay Area, her voice was pure in its lyric California lilt. And although one of the youngest members of the 2nd Renaissance scene, her work was some of the best. Following the 70s, she spent time in and around the L-A-N-G-U-A-G-E poetry group before going on to publish many books, such as *Noon, New Math* and *Numen*. Having spent time in France in recent years, she is also a translator of French, with books of translation being published, including titles and authors as *Natural Gaits* (Pierre Alferi) and *L'Art Poetic* (Olivier Cadiot). After many years living in Colorado, she currently lives and works in Iowa City, Iowa where she teaches English and Creative Writing.

Cole Swensen - vécut à Marin County (de l'autre côté du pont Golden Gate de San Francisco) dans les années 1970. Elle fut une collaboratrice déterminante de la scène de la petite banlieue de la Bay Area, nord ouest de San Francisco, organisant aussi des événements de bienfaisance pour Greenpeace et les « Prisonniers Irlandais dans les Prisons Britaniques.» Elle fut régulièrement présente à et autour de North Beach, et amie des membres du groupe *Beatitude*. Native de la Bay Area de San Francisco, elle avait cette voix musicale du lyrisme purement californien. Et, bien qu'elle fût une des plus jeunes figures de la scène de la Seconde Renaissance, son travail était un des meilleurs. Après les années 70, elle passa du temps avec le groupe de poésie L-A-N-G-U-A-G-E, avant de publier de nombreux livres, tels que *Noon, New Math* et *Numen*. Séjournant en France ces dernières années, elle a traduit du français, quelques livres étant publiés comme *Les allures naturelles* de Pierre Alferi et *L'Art Poétic* d'Olivier Cadiot. Après avoir vécu de nombreuses années dans le Colorado, elle vit et travaille actuellement à Iowa City, Iowa où elle enseigne l'Anglais et l'Écriture Créatrice.

Barbara Szerlip - poet, translator, and protege of Kenneth Rexroth, who compared her to George Sand and Murasaki, she is generally considered to be one of, if not the, most mature of the poetic voices during the 1970s San Francisco scene. During those years she was the Editor of the literary magazine *Tractor*. Born in New Jersey in 1949, she worked in summer stock theatre as an actress, dancer, and technical director, was a cook and instructor of Hatha Yoga in Canada, a leather craftsman in Montreal, a professional masseuse, a seamstress, a waitress, a secretary.... Her books during the 1970s include *Teopantiahuac* (1971), *Bear Dancing* (1975), *Symapthetic Alphabet* (1975) and *The Ugliest Woman In The World and other histories* (1978).

Barbara Szerlip - poétesse, traductrice, et protégée de Kenneth Rexroth qui la compara à George Sand et Murasaki, elle est en général considérée comme l'une des, si ce n'est la plus mature, voix poétiques de la scène de San Francisco des années 1970. À cette époque, elle était l'éditrice de la revue littéraire *Tractor*. Née dans dans le New Jersey en 1949, elle travailla les mois d'été dans un théâtre en tant qu'actrice, danseuse et directrice technique, fut cuisinière et instructrice de Hatha Yoga au Canada, artisane du cuir à Montréal, masseuse professionnelle, serveuse, couturière, secrétaire... Ses livres durant les années 1970 incluent *Teopantiahuac* (1971), *Bear Dancing* (1975), *Symapthetic Alphabet* (1975) et *The Ugliest Woman In The World and other histories* (1978).

Anne Valley Fox - highly regarded and highly visable as a poet during the San Francisco 1970s, she is perhaps the best poet of her generation not to have had a collection of her poems appear in print during that decade. Subsequently, a book of poems by Zephyr Press entitled *Sending Out the Body* was published in 1986, as well as *Point of No Return* in 2004. She has also published a book of non-fiction titled *Your Mythic Journey*. After leaving San Francisco in 1978, she worked in New Mexico for Poets in the Schools programs, and later for Project Crossroads based in Sante Fe. She continues to teach creative writing to elementary grades in the New Mexico Secondary School System.

Anne Valley Fox - poétesse très bien considérée et très visible dans les années 1970 à San Francisco, elle est peut-être la meilleure poétesse de sa génération à ne pas avoir eu la publication d'un recueil de ses poèmes cette décennie-là. Par la suite, un recueil de poèmes fut publié par Zephyr Press intitulé *Sending Out the Body* en 1986, ainsi que *Point of No Return* peu de temps après. Elle a aussi publié un livre de non-fiction intitulé *Your Mythic Journey*. Après voir quitté San Francisco en 1978, elle travailla à New Mexico pour le programme Poètes dans les Écoles, et plus tard pour Project Crossroads basé à Sante Fe. Elle continue d'enseigner l'écriture créatrice au collège de New Mexico Secondary School System.

Other Significant Poets - Autres Poètes Importants

Pancho Aguila - was born in Nicaragua in 1945, came to San Francisco at the age of two and began writing poetry during the Haight-Ashbury hippy scene of the 1960s. During the 1970s, he was the Chairman of the Folsom Prison Writer's Workshop, while serving a sentence of 'natural life' after being convicted on questionable charges of robbery and murder in an armored car hold-up. Since the crime was deemed "political" (Aguila was a member of the anti-Somoza *Sandanista FSLN*), he was considered a "political prisoner" and therefore illegible for parole. Under his directorship, the Folsom Prison Writers Workshop opened its doors to many poets and publishers from the outside. Many poets of the Beat and Baby Beat generations traveled to Folsom Prison during the 1970s, interacting with prisoners—returning to San Francisco and the northern west coast to publish their work in publications such as *Beatitude* and *Deserted X* and to help them find publishers. In 1977, the FPWriters Wkshp. was shut down under dubious circumstances and within twenty-four hours Pancho Aguila was put in "the hole" where he remained for over a year. His work has appeared over the past 25 years in many literary journals and anthologies. He is the author of several books, including *Anti-Gravity* (Aldebaran, 1976), *Hi-Jacked* (Two Windows, 1978), *Clash* (Poetry for the People, 1980), *Dark Smoke* (Second Coming, 1976). For many years after the silencing of the Folsom Prison Writers Wkshp., he corresponded with Thomas Rain Crowe—until he was transferred out of the California Prison System and his correspondence privileges were taken from him.

Pancho Aguila - est né au Nicaragua en 1945, vint à San Francisco à l'âge de deux ans et commença à écrire de la poésie durant la scène hippy de Haight-Ashbury des années 1960. Dans les années 1970, il fut président de l'Atelier des Écrivains de la Prison de Folsom, alors qu'il purgeait une peine de prison à vie après avoir été accusé, sur des charges discutables, de vol et de meurtre dans un hold-up de fourgon blindé. Puisque le crime fut jugé « politique » (Aguila était membre de l'anti-Somoza *Sandanista FSLN*), il fut considéré comme un « prisonnier politique » et pour cela n'eut pas droit à la parole. Sous sa direction, l'Atelier des Écrivains de la Prison de Folsom ouvrit ses portes à de nombreux poètes et éditeurs. De nombreux poètes des générations Beats et Baby Beats se rendirent à la Prison de Folsom durant les années 1970 pour des échanges avec les prisonniers avant de retourner à San Francisco et sur la côte du nord ouest pour publier leurs travaux dans des revues telles que *Beatitude* et *Deserted X* et pour les aider à trouver des éditeurs. En 1977, l'Atelier des Écrivains fut fermé dans des circonstances douteuses et, en l'espace de vingt-quatre heures Pancho Aguila fut mis au trou où il resta plus d'une année. Ces 25 dernières années, son travail est apparu dans de nombreuses revues littéraires et anthologies. Il est l'auteur de plusieurs livres, dont *Anti-Gravity* (Aldebaran, 1976), *Hi-Jacked* (Two Windows, 1978), *Clash* (Poetry for the People, 1980), *Dark Smoke* (Second Coming, 1976). Durant de nombreuses années après la mise sous silence de l'Atelier des Écrivains de la Prison de Folsom, il correspondit avec Thomas Rain Crowe - jusqu'à ce qu'il fut transféré hors de la juridiction des prisons californiennes et que ses privilèges de correspondance lui furent supprimés.

Richard Brautigan - born in 1935, he was a major voice of the Beat Generation as the author of many books like *Trout Fishing in America*, *The Pill Versus the Springhill Mine Disaster*, *The Abortion*, *In Watermelon Sugar*, *The Confederate General From Big Sur*, and an early editor of *Beatitude* magazine during its initial incarnation during the 1950s. He coined the phrase "Baby Beats" one night in Spec's, a North Beach bar, which resulted in a verbal fistfight with Ken Wainio in an attempt to impress the poet John Logan. The epithet stuck and the rest is history. He died from an apparent suicide in 1984.

Richard Brautigan - né en 1935, fut une voix majeure de la Beat Generation et l'auteur de nombreux livres comme *Trout Fishing in America*, *The Pill Versus the Springhill Mine Disaster*, *The Abortion*, *In Watermelon Sugar*, *The Confederate General From Big Sur*, et fut, dans les années 1950, un des premiers éditeurs de la revue *Beatitude*. Il sortit le terme « Baby Beats » un soir au Spec, un bar de North Beach, résultat d'une rixe verbale avec Ken Wainio, le but étant d'impressionner le poète John Logan. L'épithète a perduré et le reste appartient à l'histoire. Il se suicida en 1984.

William Everson (Brother Antoninus) - one of the New Directions, James Laughlin stable of Beat Generation poets, he experienced his "fall from grace" and was defrocked as a Catholic monk in 1969 after falling in love with a young woman—which is documented in the book of poems *Man-Fate*, which was published in 1973. From that time, until his death in 1994, he lived in Santa Cruz, California, where he was a letterset editions printer and publisher of world reknown. During the 1970s, he was a wild, mountain-man presence and a rural, calming and intellectual influence on the often frantic, urban San Francisco scene. Some of his other book titles include : *Archetype West*, *River Root*, *The Residual Years*, *The Hazards of Holiness* and *The Crooked Lines of God*.

William Everson (Frère Antoninus) - un des auteurs des éditions New Directions, l'étable des poè-tes de la Beat Generation de l'éditeur James Laughlin, il fit l'expérience de sa « perte de grâce » et abandonna l'état religieux en 1969 après être tombé amoureux d'une jeune femme - ce qui est conté dans le recueil de poèmes *Man-Fate*, qui fut publié en 1973. À partir de ce moment-là, jusqu'à sa mort en 1994, il vécut à Santa Cruz, Californie, où il était linotypiste, imprimeur et éditeur de renom mondial. Dans les années 1970, il était l'homme de la montagne, le sauvage et l'influence rurale, intellectuelle, le calme de la scène urbaine de San Francisco souvent frénétique. Certains de ses autres livres sont : *Archetype West*, *River Root*, *The Residual Years*, *The Hazards of Holiness* et *The Crooked Lines of God*.

Jerry Kamstra - long time North Beach, San Francisco resident and author of the book *The Frisco Kid* which was published during the 1970s. He was instrumental in early protest actions and readings in and around North Beach that were the beginnings of the Baby Beat momentum. Author of the non-fiction novel *Weed*, he lived in Big Sur, Calilfornia, while managing the Henry Miller Memorial Library.

Jerry Kamstra - résida longtemps à North Beach, San Francisco, il est l'auteur du livre *The Frisco Kid* (le gamin de San Francisco) qui fut publié dans les années 1970. Il fut un membre clé des premières protestations et lectures à et autour de North Beach qui furent le début de l'impulsion Baby Beat. Auteur du récit *Weed*, il continue d'écrire et de vivre à Big Sur, Californie, où il gère la bibliothèque commémorative de Henri Miller.

Stephen Kushner - (aka "Kush") came onto the San Francisco scene late in the 1970s and established Cloud House—a haven for poetry and the homeless. In the style of Jack Micheline, he was known primarily as a "street poet". One of "Whitman's wild children" as Neeli Cherkovski called them, he can still be seen on the streets of San Francisco reciting his poems on streetcorners or in the various public parks.

Stephen Kushner - (alias "Kush") se joignit à la scène de San Francisco tard dans les années 1970 et créa Cloud House - un refuge pour la poésie et les sans-abri. Dans le style de Jack Micheline, il était connu principalement comme un « poète de rue ». Un des « enfants sauvages de Whitman » comme Neeli Cherkovski les appelait, il peut encore être aperçu dans les rues de San Francisco lisant ses poèmes au coin des rues ou dans différents parcs publics.

Jimmy Lyons - a long-time friend of Jack Micheline from New York, who was living in Berkeley during the 1970s and working at the horse racetrack, was considered at the time to be one of the preiminantly pure jazz poets of the Beat Generation. He, too, participated in several Beatitude-sponsored events during the 70s decade.

Jimmy Lyons - un ami de longue date de Jack Micheline, de New York, il habitait à Berkeley dans les années 1970 et travaillait à l'hippodrome, était considéré alors comme un des plus importants et pures poètes de jazz de la Beat Generation. Il participa aussi à plusieurs événements organisés par *Beatitude* dans les années 70.

Wayne Miller - was teaching Native American Studies at the San Francisco Art Institute during the 1970s, following a period when he lived in Mexico—during which time he wrote his second collection of poems *From MesoAmerica* (Smoking Mirror Press, 1976). During the years of the 2nd Renaissance, his poems appeared in several publications including *Beatitude*, *Second Coming*, *Vagabond*, *LoveLights* and *Desperado*. A constant presence in the North Beach community, his work often appeared in issues of *Beatitude* and he was one of the stars of the inaugural San Francisco Poetry Festival in 1976.

Wayne Miller - enseignait les Études de l'Américain Natif à l'Institut d'Art de San Francisco dans les années 1970, après avoir vécu au Mexique - période pendant laquelle il écrivit son deuxième recueil de poèmes *From MesoAmerica* (Smoking Mirror Press, 1976). Pendant les années de la Seconde Renaissance, ses poèmes furent publiés dans plusieurs revues dont *Beatitude*, *Second Coming*, *Vagabond*, *LoveLights* et *Desperado*. Sa présence fut constante dans la communauté de North Beach et son travail régulièrement publié par *Beatitude*. Il fut une des stars du festival de poésie inaugurale de San Francisco en 1976.

David Plumb - (slightly) elder, yet friend to the Baby Beats—a relatively unknown prose writer during the 1970s and 80s, his work in the *Mondo James Dean* and the *Literature and Addiction* anthologies have gained him a measure of prominence in recent years.

David Plumb - (un peu) plus âgé mais ami des Baby Beats - écrivain de prose assez peu connu dans les années 1970 et 80, son travail dans les anthologies *Mondo James Dean* et *Literature and Addiction* lui a valu une certaine reconnaissance ses dernières années.

Peter Pussydog - one of, if not 'the' original performance poet. Known during the 1970s for his "suit of lights", he became a fixture at *Beatitude* events in the Bay Area.

Peter Pussydog - un des, si ce n'est "le" poète de performance originelle. Connu dans les années 1970 pour sa « suite de lumières », il devint une pièce à part entière des événements de *Beatitude* dans la Bay Area.

Roberto Vargas - A San Francisco native of Nicaraguan descent and living in the Mission District, he was identified as a political activist and counter-cultural presence. During the 1970s, he worked with Hispanic newspapers and FSLN organizations in the campaign against the Somoza dictatorship in Nicaragua, organizing large rallies and poetry events to raise awareness and money for this cause and others. More than once he brought Nicaraguan poet Ernesto Cardinal to the U.S. for public events at Glide Memorial Church. Toward the end of the 70s, he was apprehended on the floor of the U.S. Senate in Washington, DC by Secret Service agents for carrying a concealed weapon. Miraculously, he was able to talk himself out of being arrested by reciting poetry under interrogation. His work was published in *Beatitude* and he participated in several Beatitude Press-sponsored reading events.

Roberto Vargas - Natif de San Francisco, d'origine nicaraguayenne et vivant dans le quartier Mission, il fut identifié comme un activiste politique et une présence de contre-culture. Durant les années 1970, il travailla avec des journaux hispaniques et des organisations du FSLN dans la campagne contre la dictature Somoza au Nicaragua, organisant de grands rassemblements et des événements de poésie pour réveiller les consciences et obtenir de l'argent pour cette cause et d'autres. Plus d'une fois il fit venir le poète nicaraguayen Ernesto Cardinal aux USA pour des événements publics à Glide Memorial Church. Vers la fin des années 1970, il fut appréhendé sur les lieux du Sénat des Etats Unis à Washington DC par des agents des services secrets parce qu'il portait une arme dissimulée. Miraculeusement, il fut capable d'éviter son arrestation en discutant et en récitant de la poésie lors de l'interrogatoire. Son travail fut publié par *Beatitude* et il participa à plusieurs lectures organisées par Beatitude Press.

Julia Vinograd - contemporary and cohort of Andy Clausen, she was considered the "Queen of the Berkeley street scene" during the 1970s. A prolific poet then, as now, she continues to write, publish and read her work.

Julia Vinograd - contemporaine et cohorte de Andy Clausen, elle fut considérée comme la "Reine de la scène de rue à Berkeley" dans les années 1970. Poétesse prolifique puisque, aujourd'hui, elle continue d'écrire, de publier et de lire son travail.

Philip Whalen - one of the primary poets of the Beat Generation as portrayed in the early novels of Jack Kerouac, he was a strong and constant Zen Buddhist presence and conscience for younger and older poets, alike, during the 1970s 2nd Renaissance, and after. He was head of the San Francisco Zen Center, a title and job that he held until his death in 2002. His books include : *Self-Portrait from Another Direction*, *Memoirs of an Interglacial Age*, *On Bear's Head* (1969), *In the Kindness of Strangers* (1976), *Severance Pay*, *Imaginary Speeches for a Brazen Head*, and *Canoeing Up Cabarga Creek : Buddhist Poems*.

Philip Whalen - un des premiers poètes de la Beat Generation décrit dans les premiers romans de Jack Kerouac, il fut une présence et conscience Bouddhiste Zen forte et constante aussi bien pour les jeunes que les vieux poètes durant les années 1970 et après. Il était le responsable du Centre Zen de San Francisco, un titre et travail qu'il garda jusqu'à sa mort en 2002. Parmi ses livres : *Self-Portrait from Another Direction*, *Memoirs of an Interglacial Age*, *On Bear's Head* (1969), *In the Kindness of Strangers* (1976), *Severance Pay* ; *Imaginary Speeches for a Brazen Head*, et *Canoeing Up Cabarga Creek : Buddhist Poems*.

A.D. Winans - editor and publisher of Second Coming Press in San Francisco—which published two of Jack Micheline's books. Is the author of several books of poetry, memoir and criticism. He still lives and writes in San Francisco.

A.D. Winans - éditeur de Second Coming Press à San Francisco, il publia deux des livres de Jack Micheline, il est aussi l'auteur de plusieurs livres de poésie, mémoire et critique. Il vit et écrit toujours à San Francisco.

Selected Bibliographies for Beats & Baby Beats
Sélection Bibliographique des Beats & Baby Beats

BABY BEATS

Janice Blue
Poetry
In Good Ole No Man's Land (Green Light Press, 1978)
Closing Time Until Dawn (Kaufman Collective, 1986)

Luke Breit
Poetry
Celebrating America Within (Golden Mountain, 1975)
Words The Air Speaks (Wilderness Society Press, 1978)
In this Picture We Are Laughing (W Poetry Press)
Messages : New & Selected Poems (QED Press)
Unintended Lessons (QED Press, 1999)

Neeli Cherkovski
Poetry
The Waters Reborn (Red Hill Press, 1975)
Public Notice (Beatitude Press, 1976)
Clear Wind (Avant Books, 1984)
Animal (Pantograph Press, 1996)
Criticism
Whitman's Wild Children (Lapis, 1988)
Biographies
Ferlinghetti (Doubleday, 1979)
Hank- Charles Bukowski (Random House, 1991)
Elegy for Bob Kaufman (Sun Dog, 1996)

Thomas Rain Crowe
Poetry
Learning To Dance (Landlocked Press/Tatlin Books, 1986))
Poems For Che Guevara's Dream (Holocene Books, 1989)
Deep Language (New Native Press, 1991)
The Personified Street (NNP, 1993)
New Native (NNP, 1993)
Water From the Moon (NNP, 1993)
The Laugharne Poems (Gwasg Carreg Gwalch, 1997)
Translations
Why I Am A Monster/Hughes-Alain Dal (NNP, 1991)
In Wineseller's Street : Renderings of Hafez (Ibex/IranBooks, 1998)
Drunk on the Wine of the Beloved : 100 Poems of Hafiz (Shambhala, 2001)
10,000 Dawns : Love Poems of Yvan & Claire Goll (White Pine Press, 2004)

Anthologies
Writing The Wind : A Celtic Resurgence (The New Celtic Poetry) - NNP, 1997
Ten Neglected Poets of the 20th Century (APR, 2002)
   Recordings
Breathe On The Living —with Julian Beck, Nanao Sakaki, Tuli Kupferberg, Antler & others—(Nexus, 1989)
Summer Marigolds—with Paul Bowles, Ira Cohen, ML Liebler, Nina Zivancevic—(cold drill, 1991)
The Sound of Light—with Eugene Friesen & Paul Sullivan—(Holocene/NNP, 1991)
Live at the Green Door (Fern Hill Records, 1994)
The Perfect Work : Thomas Rain Crowe & The Boatrockers (Omega, 1999)
East/West : Thomas Rain Crowe & The Boatrockers Live! (Fern Hill Records, 2005)

David Moe
   Poetry
Plug in the Electric Dictionary (Community Press, 1973)
Ozone Allah (Beatitude, 1978)
The Logic of Snowflakes (Beatitude, 1979)
Oxymoron Nosedive Prayers (Deep Forest Press, 1985)
Jazz Pajamas (Mother's Hen Press, 1987)
Muse News (City Lights, 1988)
I Am Addicted To Everything (Embassy Hall Editions, 1990)
Collected Poems (Winston-Derek, 1992)
   Non-Fiction
Opening Hearts & Minds : The Joy of Teaching (Moe-tavation, 1986)
   Plays
The Ghosts Have Cameras (2000)

Ken Wainio
   Poetry
My Nakedness Creates You (Sternum, 1978)
Two Lives (New Native Press, 1992)
Crossroads of the Other (Androgyne, 1993)
Automatic Antiquity (New Native Press, 2004)
   Memoir
Letters From Al Kemi (Sombre Reptiles, 1982)
   Novels
Starfuck (New Native Press, 1996)

Philip Daughtry
   Poetry
The Stray Moon (Turkey Press, 1976)
Kid Negredo (Turkey Press, 1976)
Celtic Blood : Selected Poems (New Native Press, 1995)

Kaye McDonough
   Anthologies
185 (Green Light, 1971)

Plays
Zelda (City Lights, 1978)

Kristen Wetterhahn
Her poetic work has appeared in several literary and arts publications from the 1970s and 1980s. Her drawings and visual art work has appeared in books, on posters, broadsides, magazine and book covers for the past 25 years, including : *Beatitude, The Puerto Angel Poems* (Rod Iverson), *Closing Time Til Dawn* (Bob Kaufman and Janice Blue), and *Elegy For Bob Kaufman*.

Kristen Wetterhahn
Son travail poétique fut publié dans plusieurs revues littéraires et d'arts des années 1970 et 1980. Ses dessins et illustrations apparaissent dans des livres et des revues, sur affiches, tracts, et couvertures de livres depuis 25 ans, dont *Beatitude, The Puerto Angel Poems* (Rod Iverson), *Closing Time Til Dawn* (Bob Kaufman et Janice Blue), et *Elegy For Bob Kaufman*.

Paul Wear
His poems were published in several Bay Area publications such as *Beatitude, LoveLights,* and *Deserted X* during the 1970s. He left San Francisco in the early 1980s and vanished from the west coast 2nd Renaissance scene—leaving no trace of further writing.

Paul Wear
Ses poèmes furent publiés dans plusieurs revues de la Bay Area telles que *Beatitude, LoveLights,* et *Deserted X* dans les années 1970. Il quitta San Francisco au début des années 1980 et disparut de la scène de la côte ouest ne laissant aucune trace d'autres écrits.

Jerry Estrin
Poetry
My Nakedness Creates You (Sternum, 1978)
A Book of Gestures (Sombre Reptiles, 1980)
In Motion Speaking (Chance Additions, 1986)
Cold Heaven (Zasterle Press, 1990)
Rome, A Mobile Home (The Figures, 1993)

Rod Iverson
Poetry
The Puerto Angel Poems (Deep Forest Press, 1983)
Joan of Arc & Rip Van Winkle (Deep Forest, 1987)
Progress of the Minoan Wars (Azimuth/Lacuna Arts)
Opelousas (1999)
Indra Weave Harbor Blitz (2004)

BEATS

Harold Norse
Poetry
Karma Circuit (Panjandrum, 1973)
Hotel Nirvana (City Lights, 1974)
Carnivorous St. Gay Poems (Sunshine Press, 1977)
Memories of Magritte (Atticus Press, 1984)
Sniffing Key Holes (Synaesthesia Press, 1998)
Translations
The Roman Sonnets of GG Belli (Jargon Society, 1960)
Memoir
The Beat Hotel (Atticus, 1983)
Memoirs of a Bastard Angel (Wm. Morrow, 1989)

Bob Kaufman
Poetry
Abomunist Manifesto (City Lights, 1959)
Second April (City Lights, 1959)
Solitudes Crowded With Loneliness (New Directions, 1965)
Golden Sardine (City Lights, 1969)
The Ancient Rain (New Directions, 1981)
Closing Time Til Dawn (Kaufman Collective, 1986)
Cranial Guitar : Selected Poems (Coffeehouse Press, 1996)

Nanos Valaoritis
Poetry
Terre de Diamant (Paris, 1958)
Hired Hieroglyphs (Kayak, 1970)
Flash Bloom (Wire Press) 1980
Diplomatic Relations (Panjandrum, 1971)
Prose
My Afterlife Guaranteed & Other Narratives (City Lights, 1990)
Anthologies
Surrealistes Grecs (Paris; Centre Pompidou, 1991)
Twentieth Century Greek Poetry (Talisman House, 2000)

Jack Micheline
Poetry
River of Red Wine and Other Poems (Troubador, 1958)
I Kiss Angels (Interim Books, 1962)
Poems of Dr. Innisfree (Beatitude Press, 1975)
Street of Lost Fools (Street Press, 1975)
North of Manhattan : Collected Poems (Manroot, 1976)
Skinny Dynamite (Second Coming Press, 1980)
Outlaw of the Lowest Plantet (Zeitgeist Press, 1993)
A Dagger at Your Heart (MS Editions, 1997)
Ragged Lion (Vagabond, 1999)

Lawrence Ferlinghetti
Poetry
Pictures of the Gone World (City Lights Books, 1955)
A Coney Island of the Mind (New Directions, 1958)
Starting From San Francisco (New Directions, 1967)
Open Eyes, Open Heart (New Directions, 1973)
Landscapes of Living and Dying (New Directions, 1979)
A Far Rockaway of the Heart (New Directions, 1997)
Prose
Her (New Directions, 1960)
Love in the Days of Rage (E.P. Dutton, 1988)
Plays
Routines (New Directions, 1964)

Jack Hirschman
Poetry
A Correspondence of Americans (Indiana Univ. Press, 1960)
Black Alephs (Trigram Press, London, 1969)
Lyripol (City Lights Books, 1976)
The Bottom Line (Curbstone Press, 1988)
Endless Threshold (Curbstone Press, 1992)
Front Lines (City Lights Books, 2002)
Prose
KS : An Essay on Kabbala Surrealism (Baroque Press, 1973)
Anthologies
Artaud Anthology (City Lights Books, 1965)
Translations
Electric Iron/V.Mayakovsky (Maya, 1971)
A Rainbow for the Christian West/Rene Depestre (Red Hill Press, 1972)
Love Is a Tree/Antonin Artaud (Red Hill Press, 1972)
Wail for the Beggars of the Casbah/Ait Djafer (Papa Bach Bookstore, 1973)
The Crucifixion/Jean Cocteau (Quarter Press, 1976)
Poems/Sarah Kirsch (Alcatraz Editions, 1983)
Clandestine Poems/Rogue Dalton (Curbstone Press, 1990)
Seven Poems of Rocco Scotellaro/Rocco Scotellaro (Deliriodendron, 1994)
Suicide Circus/Alexei Kruchenych (Green Integer, 2000)

David Meltzer
Poetry
Ragas (Discovery Books, 1959)
The Process (Oyez, 1967)
Luna (Black Sparrow, 1970)
Blue Rags (Oyez, 1974)
The Name (Black Sparrow, 1984)
Arrows : Selected Poetry (Black Sparrow, 1994)
No Eyes (Black Sparrow, 2000)
Fiction
The Martyr (Brandon House, 1969)

Star (Brandon House, 1970)
Under (Rhinoceros Books, 1997)
Beat Thing (La Alameda Press)
      Essays
We All Have Something to Say : Kenneth Patchen (Auerhahn Press, 1962)
Two-Way Mirror (Oyez, 1977)
      Anthologies
The San Francisco Poets (Ballantine Books, 1971)
The Secret Garden : The Kabbalah (Station Hill Press, 1998)
Writing Jazz (Mercury House, 1999)

Diane di Prima
      Poetry
This Kind of Bird Flies Backwards (Totem Press, 1958)
The New Handbook of Heaven (Auerhahn, 1962)
Revolutionary Letters (City Lights Books, 1971)
Selected Poems (North Atlantic Books, 1975)
Pieces of a Song (City Lights Books, 1990)
Loba (Penguin, 1998)
      Prose
Memoirs of a Beatnik (Penguin, 1998)
My Life as a Woman (Penguin, 2001)

Gary Snyder
      Poetry
Riprap (Origin Press, 1959)
Myths & Texts (Totem Press, 1960)
The Back Country (Fulcrum Press, London, 1967)
Turtle Island (New Directions, 1974)
Axe Handles (North Point Press, 1983)
Left Out in the Rain (North Point Press, 1986)
No Nature (Pantheon Books, 1992)
Mountains and Rivers Without End (Counterpoint, 1997)
      Prose
Earth Household (New Directions, 1969)
The Old Ways (City Lights Books, 1977)
The Real Work (New Directions, 1979)
The Practice of the Wild (North Point Press, 1990)
The Gary Snyder Reader (Counterpoint, 1999)

Michael McClure
      Poetry
Passages (Jargon Society/Jonathan Williams, 1956)
Dark Brown (Auerhahn Press, 1961)
Love Lion Book (Four Seasons Foundations, 1966)
Ghost Tantras (City Lights Books, 1967)
Star (Grove Press, 1970)
Jaguar Skies (New Directions, 1975)

Selected Poems (New Directions, 1986)
Huge Dreams (Penguin, 1999)
Pain Mirror (New Directions, 1999)
   Theater
Gargoyle Cartoons (Delacorte Press, 1971)
Gorf (New Directions, 1971)
The Beard (New Directions, 1985)
   Prose
Meat Science Essays (City Lights Books, 1963)
Freewheelin' Frank (Grove Press, 1967)
Scratching the Beat Surface (North Point Press, 1982)
Lighting the Corners : On Art, Nature and the Visionary (Univ. of New Mexico Press, 1993)

ZELDA
Frontier Life in America
a fantasy in three parts

by
KAYE McDONOUGH

City Lights Books
San Francisco

ABOUT THE AUTHOR – À PROPOS DE L'AUTEUR

Mathias de Breyne - né en 1973 à Lyon, France. Il passa six mois à Belmont, San Francisco, en 1983, avec sa mère et sa sœur, puis de 1989 à 1991 il vécut au Lake Tahoe, Nevada, où il travailla dans un restaurant français et étudia à l'université Sierra Nevada College. Écrivain, musicien et traducteur, son premier livre *l'envers, l'endroit* fut publié en 2000 aux Éditions du Hanneton, Drôme, France. Saxophoniste et clarinettiste basse du groupe DAM (avec le compositeur français Denis Frajerman, le batteur Stefano Cavazzini, et Keny II, beats et samples), un premier disque sortira en 2006. Mathias de Breyne écrit de nombreux textes courts publiés dans la revue *Stalker*, Éditions du Caillou, Paris. Le texte *La naissance d'après* a paru dans la revue *Préoccupations*, Éditions Galerie l'Ollave, Vaucluse, en mai 2003 et *Le hurlement de la pensée* fut écrit spécialement pour le livret du disque « conversations à voix basse » du compositeur français Laurent Rochelle, disque sorti sur le Label Linoleum en juin 2003. Lors d'un voyage à Dublin, en Irlande, en 1998, il tombe sur les livres de Thomas Rain Crowe dans le rayon poésie d'une vieille librairie, en particulier le poème *Overpopulation* qu'il traduira et publiera dans la revue *Triages* en juin 2002. Depuis, sa correspondance avec le poète américain continue. En octobre 2002, il publie l'article « The Baby Beats & The Second San Francisco Renaissance » dans la revue *Littérature en Marche* aux Éditions La main courante, département de la Creuse (France), et l'éditeur Pierre Courtaud lui propose alors de faire une anthologie de la génération Baby Beat. Depuis juin 2003, il vit entre l'Argentine et la France où il poursuit ses activités.

« L'envers, l'endroit », Éditions Atelier du Hanneton, Drôme, juin 2000.
« Le livre chiatique », « Absurdité (s'absurditer) », « La foire aux cons », Éditions Sens & Tonka, Paris, mai 2001.
« La plonge ma thérapie », Éditions du Caillou, Paris, octobre 2002.
« Mots dérangés », dans le coffret *Orange*, Éditions Atelier du Hanneton, décembre 2002.
« Livre offert », Éditions Sens & Tonka, 2004.
« Le livre des douze mille cinq cents signes », dans l'ouvrage et le coffret *Dix ans, donc !*, Éditions Sens & Tonka, mai 2005.
« Le ressac viscéral ou les 548 Planches du Pont des Arts », Éditions Atelier du Hanneton, 2006.

Mathias de Breyne - was born in Lyon, France, in 1973. He spent six month in Belmont, San Francisco, in 1983 with his mother and sister, and from 1989 to 1991 he lived for eighteen months in the Lake Tahoe, Nevada, where he worked in a French restaurant and studied at Sierra Nevada College. Writer, musician and translator, his first book *l'envers, l'endroit* was published in the year 2000 by Editions du Hanneton, Drôme, France. Saxophonist and bass clarinetist for the band DAM (with the french composer Denis Frajerman, the drummer Stefano Cavazzini, and Keny II playing samples and beats), their first recording will come out in 2006. He is a regular writer for the magazine *Stalker*, Editions du Caillou, Paris, France. His *La naissance d'après (Birth afterwards)* appeared in the magazine *Preoccupations*, Editions Galerie l'Ollave, Vaucluse, France, in 2003 and *Le hurlement de la pensée* specially written for the booklet of the record *"conversations à voix basse"* by the French composer Laurent Rochelle, released on Label Linoleum, in June 2003. During a trip in Dublin, Ireland, in 1998, he discovered some of Thomas Rain Crowe's books in the poetry book-shelves of an old bookstore, including the broadside of the poem *Overpopulation* which he translated and which was published in the French magazine *Triages* in June of 2002. Since then, his correspondence with the American poet has continued. In October of 2002, he wrote the article « The Baby Beats & The Second San Francisco Renaissance » for the magazine *Litterature en Marche*, published by Editions La main courante in Creuse, France. It was Pierre Courtaud, the editor of Editions la main courante, who proposed that he should do an anthology of the Baby Beat generation. Since June 2003, he has divided his time between Argentina and France, living in both places while working on this book and his other projects.

L'auteur a reçu le soutien des résidences d'écrivains *Au diable Vauvert* et du *CITL* - Collège International des Traducteurs Littéraires - pour travailler sur l'anthologie.

The author received funding from two writers' residencies – Au Diable Vauvert and CITL (International College of Literary Translators) - in order to work on this anthology.

Crédit / Credits

Photo Credits/Crédits Photographiques :

Lisa Brinker, Pam Mosher, Sam Silver, Andre Lewis, Neil Hollier, Leta Sparks, Chester Simpson.

Acknowledgements/Remerciements

Special thanks to Alice Sebrell, scan-artist extraordinaire. Ken Wainio, for photos from abroad and psychic support. Lisa Brinker for her photos and good memory of the 70s in San Francisco. Laura Moriarty, for permission to use the work of Jerry Estrin. Small Press Distribution (Berkeley, California) for their willingness to reach an American audience with this book. Pierre Courtaud and *Litterature en Marche*, for taking the first step and believing in this book.

·MALVINA·
SATURDAY
POETRY SERIES

SEPT 6
ROBERT HASS
PETER NAJARIAN
13
JEANNE SIROTKIN
TOM CUSON
20
MICHAEL McCLURE

Jerry Kamstra – Doubleday Demonstration

P. Mosher 12/7

Cet ouvrage, le cent vingt-cinquième de la collection *La main courante* dirigée par Pierre Courtaud, a été achevé d'imprimer le 25 octobre 2005 sur les presses de Lavauzelle Graphic à Panazol (France).

Le CD inclus dans le livre est offert
et ne peut être séparé de l'ouvrage.

Free CD inside
and it cannot be separated from this book.

Diffusion-distribution française
Le Collectif des Éditeurs Indépendants
Tel : (33) 01 45 41 14 38
Fax : (33) 01 45 41 16 74